SEGURIDAD EN INFORMÁTICA

LUIS R CASTELLANOS

2DA EDICIÓN AMPLIADA

Luis Castellanos

luiscastellanos@yahoo.com

@lrcastellanos

luiscastellanos.org

http://luiscastellanos.org

ISBN 978-1518620362

Publicado por Amazon
http://createspace.com

2da Edición

2015

A Dios por permitirme vivir.
A mis hijos, por ser mi razón de vivir.
A mis padres, por enseñarme a vivir
A ti por hacerme vivir.

Tabla de Contenido

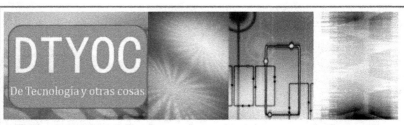

Tu Revista Digital donde puedes enterarte acerca de Temas de
Tecnología y de muchas otras cosas más.

1 INTRODUCCIÓN

 A través de las siguientes páginas, se pretende dar una idea muy general y amplia acerca del tópico "Seguridad en Informática", las cuales deberán ser ampliadas por el lector a través de lecturas e investigaciones complementarias.

La tecnología informática desarrollada en los últimos tiempos ha convertido al computador en una herramienta indispensable en las organizaciones de hoy día, ya que proporciona los medios para un control efectivo sobre los recursos que maneja y las operaciones que realiza. Pero esa situación también presenta otras consecuencias, como son: fácil acceso a la información, creciente dependencia al computador, creciente número de personas con estudios en computación, entre otras, que hacen vulnerables a las organizaciones desde el punto de vista informático.

Ha persistido un auge en delitos y fraudes informáticos, cometidas por diversas personas y utilizando diversos métodos y caminos para ello. Es por eso que se debe tomar en cuenta la Seguridad en los Centros de Cómputo (o también llamados *Data Center*), para hacer frente a cualquier circunstancia (intencional o no) que pudiese afectar su funcionamiento normal. Es propicia la ocasión para recordar el antiguo adagio de "más vale prevenir que lamentar", ya que todas las medidas que se tomen no bastarán para mantener la Seguridad.

Antes de entrar en materia, debemos definir los términos básicos a utilizar:

- Seguridad: "Condición de un sistema en la cual nos encontramos libres de riesgo de pérdidas  inaceptables"[1]. En términos sencillos, es el tomar las medidas necesarias para evitar pérdidas o para obtener protección.

- Informática: "Aplicación racional, sistemática de la información para el desarrollo económico, social y político"[2].  Como quiera que el término "Informática" es un

---

[1] COHEN & otros. "Auditoría de Sistemas". Página 18.

[2] ECHENIQUE, José. "Auditoría en Informática". Página 3.

galicismo conformado por los vocablos "Información" y "Automatización". o "Automático", se puede decir también que es el manejo automatizado de la información.

- Seguridad en Informática: Todas las medidas necesarias para evitar riesgo y pérdidas de la Información y de los equipos en que reside.

Los temas específicos a tratar están conformados por:

- Antecedentes y Consecuencias de la falta de seguridad
- Elementos administrativos de la Seguridad
- Elementos técnico y procedimentales de la Seguridad
- Auditoría de Sistemas
- Criptografía
- Cortafuegos o Firewalls
- Ingeniería Social
- Normas ISO 27000
- Misceláneas

2 ANTECEDENTES Y CONSECUENCIAS DE LA FALTA DE SEGURIDAD

2.1 Antecedentes

 La seguridad tradicional siempre se ha enfocado hacia la seguridad física (acceso y contra incendios) y la seguridad de datos y archivos. El término actual de seguridad debe abarcar, además de lo tradicional, lo referente a seguridad en aspectos administrativos y seguridad en los aspectos técnicos y procedimentales, lo cual conformaría el Concepto de Seguridad Total en Computación (CST)[3]. El cambio en el enfoque viene dado por ciertos factores, como son:

- Concentración del procesamiento y aplicaciones más grandes y de mayor complejidad
- Dependencia en el personal clave
- Desaparición de controles tradicionales
- Terrorismo urbano e inestabilidad social
- Mayor conciencia de los fabricantes y proveedores de computadoras

Es por ello que la CST debe incluir los siguientes aspectos.

---

[3] FINE, Leonard: "Seguridad en los Centros de Cómputo".

- Elementos administrativos:
  - Políticas de seguridad
  - Organización y división de responsabilidad
  - Seguridad física y contra incendios
  - Políticas de personal
  - Seguros
- Elementos técnicos y procedimentales
  - Seguridad de los sistemas
  - Seguridad de la aplicación
  - Estándares
  - Función de auditoria
  - Planes de contingencia

2.2 Consecuencias de la Falta de Seguridad

Las consecuencias de la falta de seguridad se pueden clasificar en:

- Pérdida de activos
  - Activos físicos:
    - Dinero
    - Valores
    - Inventarios
    - Maquinarias y equipos
  - Activos de información.
    - Secretos comerciales

- Datos personales
- Procedimientos de operación

- Otros datos sensibles
- Activos intangibles:
  - Reputación
  - Buena fe
  - Posicionamiento en el mercado

  - Nivel de servicio a los clientes
- Interrupción de las actividades
  - Pérdidas de ingresos
  - Perdidas de ventas
  - Incapacidad para pagar las deudas
  - Incapacidad de controlar los activos
- Violaciones a las ley
  - Fraude
  - Corrupción
  - Extorsión

  - Falsificación
  - Robo
  - Violación de contratos comerciales

2.3 Causas que pueden originar dichas consecuencias

Las causas que pueden originar dichas consecuencias se pueden agrupar en:

- Fallas humanas
  - Personas autorizadas por error, omisión o duplicación

  - Personas no autorizadas accidental o intencionalmente

- Fallas técnicas
  - Hardware
  - Software
  - Comunicaciones
  - Servicios (luz, agua, aire acondicionado, etc.)

- Fuerzas de la naturaleza
  - Fuego
  - Terremoto
  - Inundaciones

Los costos de los medios para proteger un sistema se van a incrementar de acuerdo a la categoría, preparación y recursos que tenga la persona intrusa.

El nivel de seguridad dentro de una organización debe ser medido por comparación entre el riesgo de las pérdidas en su ausencia y el grado de protección, que se logra en su presencia.

Los controles son los mecanismos o medios de protección que se incorporan en una organización a fin de lograr un nivel de seguridad aceptable. Comprenden los planes, procedimientos y registros para preservar los activos y confiabilidad.

Lamentablemente, no podemos probar que un sistema es absolutamente seguro, ya que no podemos concebir todas las maneras de burlar los controles. Es de hacer notar que el 96% de los delitos mediante el computador han sido descubiertos por accidente, y la gran mayoría no se divulga, para evitar dar ideas a personas malintencionadas.

De acuerdo a reporte de ESET (2011), las mayores preocupaciones en materia de Seguridad en Informática son:

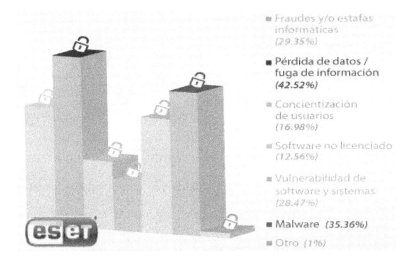

3 ELEMENTOS ADMINISTRATIVOS DE LA SEGURIDAD

1. Políticas de Seguridad	2. Organización y División de Responsabilidades	3. Seguridad Física y Contra Incendios	4. Políticas de Personal
• Cuantificación de Riesgos • Compromiso Gerencial • Políticas de Respaldo • Políticas Antivirus	• División de Responsabilidades • Sistemas Control Internos • Asignación Responsabilidades de Seguridad • Sustitución de Personal Clave	• Ubicación Centro de Cómputo • Aire Acondicionado • Energía Eléctrica • Riesgo de Inundaciones • Acceso • Protección Contra Incendios • Mantenimiento	• Contratación • Evaluación • Permisos • Rotación • Motivación
5. Seguros			
• Problemas tradicionales • Áreas de riesgos asegurables • Servicios de Seguros especializados • Seguimiento de cambios en riesgos			

3.1 Política de Seguridad

La seguridad depende de la integridad de los individuos que conforman a la organización. Es posible obtener ciertos niveles mínimos de seguridad sin hacer un gasto considerable, pero para obtener protección adicional se requiere realizar otros gastos. La economía siempre es necesaria, pero lo importante es buscar que exista una relación beneficio/costo razonable. También debe existir un equilibrio entre las medidas de seguridad y los niveles de riesgo, tomando en cuenta que no todos los Centros de Cómputo tienen las mismas exigencias de seguridad. No se debe exagerar el nivel de seguridad en situaciones de bajo riesgo, y en situaciones de alto riesgo debe existir un nivel de seguridad alto.

3.1.1 Cuantificación de Riesgos

Para lograr alcanzar dicho equilibrio, primeramente se debe hacer una cuantificación de riesgos, de acuerdo a los siguientes pasos:

- Clasificación general de las instalaciones en términos de riesgo alto, medio y bajo:
  - Las instalaciones de alto riesgo pueden presentar:
    - o Datos o programas que contengan información confidencial.
    - o Pérdida financiera potencial para la comunidad.
    - o Pérdida potencial para la organización.
  - Las instalaciones de riesgo medio son aquellas en cuya interrupción prolongada ocasiona grandes inconvenientes y quizás el incremento de costos, pero poca pérdida material.

- Las instalaciones de bajo riesgo son aquellas en las que el procesamiento retardado tienen poco impacto material en la institución en términos de costo
- Identificación de las aplicaciones que constituyen riesgo altos:
  - Elaboración de una lista de aplicaciones por orden de riesgo.
  - Cuantificación del riesgo
  - Obtención del consenso sobre los niveles de riesgo.
- Evaluación de las medidas de seguridad existentes.
- Evaluación de medidas de seguridad opcionales.
- Justificación de las medidas de seguridad en cuanto al costo que representan.

3.1.2 Compromiso Gerencial

No podemos terminar este punto, sin hablar del compromiso que debe existir con la Política de Seguridad. La Alta Gerencia es la que va a tomar todas las decisiones correspondientes a la Seguridad y a los niveles de gasto requeridos. Pero, ¿quién va a tener la responsabilidad de la Seguridad en Informática? Muchos podrían pensar que el Gerente o Jefe de la Unidad de Computación de la Organización, pero no es así. Este se debe encargar de los asuntos de riesgo técnico de los equipos de computación, y los demás Gerentes o Jefe se deben encargar de los asuntos de riesgo comercial.

3.1.3   Políticas de Respaldos
        Al margen de lo señalado anteriormente, en la Unidad de Computación debe existir una política definida acerca de los respaldos de los datos, aplicaciones, sistemas operativos y documentación. Dicha política debe contener al menos:

- Responsable de los respaldos respectivos.
- Contenido de los respaldos.
- Frecuencia de los respaldos.
- Lugares donde se almacenarán los respaldos.
- Medios para hacer los respaldos
  - Discos flexibles
  - Pen drives
  - Cartuchos de cinta.

- Otro disco duro.

- Dispositivos RAID (*Redundant Array of Inexpensive Disks*)

- Discos duros removibles.

- CD-ROM.

- DVD

- DAT (*Digital Audio Tape*).

- En la Nube (*Cloud Computing*)

3.1.4 Políticas Antivirus

También debe existir una política específica para prevenir los virus informáticos en los sistemas, y debe ser difundida por el Centro de Computación a todos los usuarios. Dichas políticas podrían incluir.

- No copiar programas ilegales o sin licencia en los equipos de la empresa.

- Instalar programas antivirus en los equipos, en disco duro y en memoria residente.

- Analizar los discos flexibles o pen drives a ser usados, con un antivirus, antes de introducirlos en los equipos.

3.2 Organización y División de responsabilidades

Las actividades que se llevan a cabo, en cuanto a organización y división de responsabilidades en un Centro de Cómputo, son.

- División de responsabilidades:
  - o El personal que ingresa los datos no debería tener acceso a las actividades de operación.
  - o Los analistas de sistemas y programadores no deben tener  acceso a las actividades de operación, y viceversa.
  - o Los operadores no deben tener acceso irrestricto a las funciones de protección de información o a los archivos maestros.
  - o Los operadores no deben tener control único del procesamiento del trabajo.
  - o Sólo el administrador debe poseer acceso como súper usuario.

- Formación de sistemas de control interno:
  - o Las modificaciones a los programas deber ser autorizadas y suficientemente probadas.
  - o Se deben documentar los sistemas de manera adecuada y progresiva.
  - o Los usuarios que hacen entrada de datos deben verificar apropiadamente que los mismos sean correctos.
  - o Los datos de entrada deben ser revisados (basura entra, basura sale)
  - o Se deben documentar los errores.
- Asignación de responsabilidades de seguridad.

  - o Deberes de la Alta Gerencia.
    - ▪ Definir la política de seguridad.
    - ▪ Garantizar la existencia de planes de contingencia.
  - o Deberes del Gerente/Jefe de la Unidad de Tecnología:
    - ▪ Identificar las exigencias de seguridad en planes a largo plazo.

- ▪ Aplicar rutinariamente las medidas de seguridad:
  - en el diseño de nuevas aplicaciones,
  - en la ejecución de aplicaciones existentes,
  - en el Centro de Cómputo,
  - entre otros.
- Sustitución del Personal Clave.
  - o Todo personal clave debe contar con su reemplazo correspondiente.

3.3 Seguridad Física y Contra Incendios

- Ubicación y construcción del centro de cómputo:
  - o Deben estar ubicados alejados de zonas muy transitadas, casi de manera clandestina.
  - o Se debe tratar de evitar en lo posible tener paredes de vidrio, ya que son

vulnerables y muestran todo lo que está adentro.

- o El material de construcción debe ser no inflamable, y se recomienda altamente la instalación de cielo raso y de piso falso (para efectos de canalizar mejor los cableados fuera de la vista y para mantener la temperatura).
- o La sala de máquinas, o el ambiente donde estén(n) ubicado(s) equipo(s) servidores (es), debe estar lo más aislado posible, y debe tener facilidad para controlar su acceso.

- Aire acondicionado: es indispensable para mantener operativos los equipos de computación, pero son una fuente frecuente de incendios. Se recomienda:
  - o Instalar equipos de aire acondicionado de respaldo en instalaciones de alto riesgo, en caso de dañarse el equipo de aire principal.
  - o Instalar extintores y detectores de incendio en la Sala de Máquinas y en los ductos.

- o Instalar medidas de protección para evitar el ingreso de intrusos a través de los ductos.
- Suministro de energía:
    - o Debe existir continuidad y estabilidad de la energía.
    - o Este problema se resuelva a través del uso de equipos UPS (*Uninterrupted Power Supply*), que permiten el funcionamiento de los equipos conectados a él al interrumpirse el suministro de energía eléctrica, y Reguladores de Voltaje y filtros de Línea que regulan las altas y bajas de la tensión eléctrica.
- Riesgo de inundación:
    - o Donde exista riesgo de inundación, no se debe colocar el Centro de Computo en sótanos o pisos bajo.
    - o Otro factor a ser tomado en cuenta es la ubicación de las cañerías y drenajes de agua, que también podrían

ocasionar inundaciones de las instalaciones.

- o En caso de no poder lograr otra ubicación, se deben tomar las medidas preventivas necesarias (bombas de achique, alarmas, interrupción de suministro eléctrico, etc.)

- Acceso

  - o Área de recepción: debe existir un personal en un área específica que controle el acceso al personal.

  - o Control de acceso a las instalaciones de noche y día, y en feriados.

  - o Acceso de terceras personas: los visitantes deben ser identificados plenamente, y controlados y vigilados durante su permanencia en el centro.

  - o Alarmas contra robos.

  - o Uso de tarjetas magnéticas de acceso para los empleados que laboren en el centro, o sencillamente ambientes cerrados con llave para no permitir el ingreso a personas extrañas.

- Protección, detección y extinción de incendios.

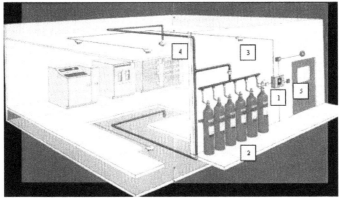

- o Los detectores de humo y fuego se deben colocar de manera que el humo y calor normal que emanen de los aires acondicionados no interfieran.

- o El detector de humo debe ser capaz de detectar los distintos tipos de humo que se pueden producir.

- o Se deben instalar detectores de humo y fuego en la sala de máquinas.

- o Se deben colocar los detectores bajo el piso y en ductos del aire acondicionado.

- o Debe existir una alarma contra incendios, conectada a la alarma central o a los bomberos.

- o Los lugares de almacenamiento de papel y cintas magnéticas son de gran peligrosidad, ya que dicho material es altamente inflamable, por lo cual deben reunir condiciones especiales.

o Se deben colocar suficientes extintores, en los lugares apropiados y de fácil acceso.

o Los extintores deben ser revisados periódicamente, para verificar su carga.

o Se debe contar con equipos respiratorios, ya que las cintas magnéticas quemadas despiden humo nocivo.

o Se debe instruir a los bomberos hacer de cómo manipular los equipos de computación, para evitar que sufran daños adicionales.

• Mantenimiento

o Refleja una actitud disciplinada y de cumplimiento de procedimientos adecuados.

o Su ausencia puede ocasionar brechas de seguridad (papel amontonado puede ocasionar incendios, puertas o ventanas que no cierran pueden permitir intrusos)

3.4 Políticas de Personal

- Políticas de contratación.

  o Verificación de referencias y antecedentes de seguridad.
  o Pruebas psicológicas
  o Exámenes médicos.

- Procedimientos para evaluar el desempeño: valoran la efectividad de los aspectos administrativos y de trabajo, evalúan las actitudes hacia el trabajo y los sentimientos generales hacia la institución.

- Política sobre permisos: el personal debe disponer de permisos que le ayuden a aliviar el estrés.

- Rotación de puestos: tiene la desventaja que un solo individuo tiene acceso a conocer de muchas aplicaciones y programas, pero tiene la ventaja que hace que no sean indispensables los trabajadores.

- Evaluación de las Actitudes del Personal: mientras más motivado éste el empleado, menos posibilidad existirá de que sea desleal o que existan brechas de seguridad,

3.5 Seguros

3.5.1 Problemas tradicionales

- Vacío de comunicación existente, ya que los aseguradores no tienen el conocimiento técnicos de computación y los técnicos de computación no conocen acerca de los seguros.

- No hay entendimiento cabal respecto a los riesgos y sus consecuencias, por lo cual pocos usuarios de computación gozan de la cobertura adecuada para todos los riesgos.

3.5.2 Áreas de Riesgo Asegurables

- Riesgos ambientales externos
  - o Explosivos y material o procesos inflamables.
  - o Atmósferas tóxicas, calientes, con gas, polvo o abrasivos.

- o Riesgos de inundación en las áreas baja.
- Riesgos ambientales internos.
  - o Fuentes de energía.
  - o Equipos de aire acondicionado.
  - o Aparatos que contienen agua (calefacción central o drenajes)
- Equipos, que abarca la totalidad de la instalación del Centro de Cómputo.
  - o Riesgos por causas externas
    - Fuego
    - Terremoto
    - Inundaciones
    - Tumultos civiles
    - Robo
    - Etc.
  - o Riesgos por causas internas
    - Acciones deliberadas o negligencia (no todas son cubiertas por los seguros)
    - Daños a consecuencia del paro prolongado del aire acondicionado.
    - Etc.

- Programas y Datos
- Interrupción comercial y su recuperación: pólizas para amparar el lucro cesante.
- Personal (revisar Pólizas Colectivas del personal)
  - Riesgos eléctricos o mecánicos
  - Riesgos provenientes de los dispositivos de protección
  - Riesgos provenientes de los dispositivos de protección
  - Riesgos por condiciones de trabajo excepcionales
  - Riesgos por falta de conocimiento
- Responsabilidades de terceras personas: normalmente no son cubiertas por las pólizas.

3.5.3   Servicios de Seguro Especializados en el ramo de la Computación.

Existen, a nivel mundial, empresas de seguros especializadas en el ramo de la computación, que cuentan con personal capacitado en computación y que conocen los riesgos inherentes. Ofrecen además pólizas especiales para usuarios de computación. Esto contribuye a disminuir el vacio de comunicación mencionado con anterioridad.

3.5.4 Seguimiento de los cambios en los riesgos

Los riesgos asegurables cambian en forma progresiva, y se debe garantizar que los riesgos estén cubiertos y las pólizas actualizadas. Se recomienda la formación de un comité lleve a cabo dicho seguimiento, conformado por personal de las unidades:

- De computación
- De finanzas o administración
- De auditoría o contraloría (interna o externa)
- De la compaña de seguros

4 ELEMENTOS TÉCNICOS Y PROCEDIMENTALES DE LA SEGURIDAD

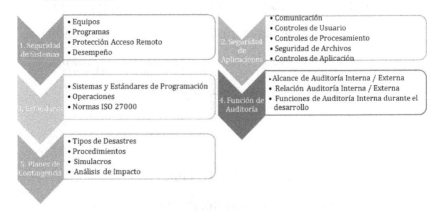

4.1 Seguridad de los Sistemas

- Equipos: se debe definir, en el manual de operaciones del personal, los  procedimientos para evitar malos manejos en la operación del equipo que puedan crear riesgo de negligencia o accidente.

- Programas:

  - Restringir el acceso a programas y archivos

  - Aplicar medidas antivirus

  - Asegurar que los operadores puedan trabajar sin una supervisión rigurosa, y necesiten autorización para modificar programas y archivos.

- Asegurar que se usen los datos, archivos y programas correctos.

- Identificar y eliminar las "Puertas Traseras" en los programas.

- Protección contra acceso remoto no autorizado y/o interferencia electrónica: se deben implantar medidas para evitar que personas no  autorizadas ingresen remotamente a los sistemas ("hackers"). Se recomienda el uso de criptografía para el envío de información.

- Seguimiento del Desempeño: existe el peligro de considerar los más complejos riesgos e ignorar los obvios. Se debe hacer uso de herramientas de administración y monitoreo para verificar que los usuarios lleven a cabo las tareas asignadas y autorizadas, así como herramientas para monitorear accesos infructuosos y/o accesos no autorizados a los sistemas.

Existen diversas metodologías para proporcionar seguridad de acceso a los sistemas grandes de tipo mainframe o mini computador.

- Identificación/Autenticación:
  - Asegura el saber quiénes son los usuarios
  - Obliga a los usuarios a cambiar de clave con frecuencia
  - Criptografía las claves de acceso en la memoria ROM
  - Permite emitir tarjetas de acceso.
- Control de acceso discrecional:
  - Regula quienes tienen acceso a cuáles aplicaciones, archivos y/o servidores.
  - Asigna niveles de seguridad para el acceso de los datos.
- Control de Auditoria:
  - Registra cuáles programas han sido usados, cuáles archivos se han abierto o modificado, las operaciones del E/S etc.
- Reusabilidad de Objetos:
  - Limpia la memoria (RAM o ROM) y elimina material confidencial, una vez que se ha usado.
  - Desconecta terminales inactivos.
- Asegurar las comunicaciones:
  - Protege las redes cuando salen del entorno de la empresa.

o Criptografía los datos antes de enviarlos a redes públicas o inalámbricas.

Existen diversos factores que pueden afectar la seguridad de un sistema:

- Manejo pobre de módems.
- Transmisión de archivos no criptografiados.
- Indiferencia ante la seguridad.
- Temor ante los costos de seguridad.

- No se usa la criptografía.
- Claves de acceso débiles y obvias.
- No hay validación/verificación de usuarios.
- No se inspecciona el software nuevo.
- No hay procedimientos antivirus.
- Empleados descontentos o deshonestos
- Errores de programación.
- Aplicaciones no autorizadas.
- No hay controles de auditoría.

4.2 Seguridad de la Aplicación

- Comunicación entre el personal de computación y los usuarios: debe existir una unidad o encargado de canalizar todas las

solicitudes de los usuarios referentes a quejas, solicitudes, modificación de programas, y otros servicios[4]. De igual forma, todas las modificaciones a los programas y archivos maestros deben quedar asentadas y archivadas.

- Controles del usuario: el usuario tiene la responsabilidad de asegurar que los datos recolectados estén completos y precisos, y una vez ingresados se debe asegurar que los datos sean procesados e incluidos en los archivos correspondientes.

- Controles de procesamiento de datos:
    - División de la responsabilidad entre captura de datos y operación.
    - División de la responsabilidad entre operaciones y archivo.
    - Registro de evidencias que reflejen la transferencia de registros y datos.
    - Control sobre la precisión y distribución de resultados.

- Seguridad de los archivos:
    - Almacenamiento de las copias de respaldo en un lugar distante.

---

[4] "Help Desk", "Call Center", "Atención al Usuario", entre otras denominaciones.

- o Identificación y control de los archivos a través de etiquetas u otros medios.
- o Acceso físico restringido a las cintotecas o archivos de cintas o discos.
- o Precisión de los archivos (mediante el conteo de registros y/o conteos binarios).
- Revisión regular de los controles de aplicación, a través de la unidad de auditaría o contraloría interna, y de la auditaría de sistemas.

4.3 Estándares

El uso de estándares adecuados y de técnicas estructuradas y establecidas de análisis, diseño y programación mejoran automáticamente el nivel de seguridad de las aplicaciones.

- Sistemas y estándares de programación.
  - o Seguridad y planificación a largo plazo: sólo una minoría de instalaciones  cuenta con un enfoque de planificación estructurado y definido, aunque existe la tendencia a mejorar dicha

situación. La planificación es un prerrequisito clave para la incorporación de estándares de seguridad en las políticas cotidianas de operación.

o Garantía de calidad de la aplicación a corto plazo.

▪ Seguridad de los programas y del equipo: Se debe definir de manera clara y precisa la seguridad con respecto al uso de los archivos y programas. Se deben definir los niveles de seguridad y acceso para cada usuario en particular, aprovechando las bondades que ofrecen los sistemas operativos y manejadores de base de datos actuales, que permiten restringir las operaciones de lectura, escritura y ejecución sobre programas, archivos, directorios, carpetas, etc.

- Supervisión y métodos de trabajo: se deben programar actividades de auditoría para comprobar la correcta ejecución de los procedimientos y operaciones, y el correcto estado de los datos.
  o Documentación:
    - Almacenar respaldo en lugar distante.
    - Los manuales técnicos de operación y mantenimiento no deben ser de libre acceso para todo el personal.
- Operaciones: se deben tomar en cuenta:
  o Buenas prácticas de mantenimiento.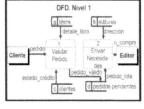
  o Evitar las malas prácticas de operación del equipo y de programación.
  o Procedimientos para el uso de copias de respaldo de programas, datos o archivos.

o Procedimientos para el análisis, diseño y programación de aplicaciones.

o Procedimientos para entrega de aplicaciones al usuario (puesta en producción).

- Normas ISO 27000:

  o ISO/IEC 27000 es un conjunto de estándares desarrollados por ISO la (*International Organization for Standardization*) e IEC (*International Electrotechnical Commission*), que proporcionan un marco de gestión de la seguridad de la información utilizable por cualquier tipo de organización, pública o privada, grande o pequeña.

4.4 Función de Auditoría

Las funciones de auditoría interna y externa desempeñan un papel importante en la  seguridad de los Centros de Cómputo. Los principales aspectos a considerar son:

- El alcance de la auditoría interna y externa.

- La relación entre la auditoría interna y externa

- Las funciones de la auditoría interna dentro de las etapas de desarrollo y de operación de los sistemas.

4.5 Planes de Contingencia

4.5.1 Tipos de desastre

- Destrucción completa de los recursos centralizados de procesamiento de datos.

- Destrucción parcial de los recursos centralizados de procesamiento de datos.

- Destrucción o mal funcionamiento de los recursos ambientales destinados al procesamiento centralizado de datos (aire acondicionado, energía eléctrica, etc.)

- Destrucción total o parcial de los recursos descentralizados de procesamiento de datos.

- Pérdida del personal técnico clave.

- Interrupción por huelga.

4.5.2 Procedimientos en caso de desastres

Deben especificar.

- Las responsabilidades en caso de desastre y la organización que entrará en vigencia.

- La acción inmediata a seguir:
  - o Organización y responsabilidades para la recuperación.
  - o Clasificación del tipo de desastre
  - o Evaluación de los daños
  - o Determinación de prioridades
  - o Información de la situación a los usuarios y a la alta gerencia.
  - o Plan de acción para la recuperación.
- Los planes contra desastres deben ser lo más detallados y explícitos posible, ya que muchas veces no hay tiempo para pensar en un desastre qué es lo que se va a hacer.
- Todo el personal requiere adiestramiento regular en el plan contra desastres.
- La aplicación de las prácticas convenientes para aumentar la seguridad se debe hacer como rutina.
- Los planes y documentación contra desastres deben ser conocidos por poco (pero suficiente) personal, ya que la difusión excesiva de dichos planes es una amenaza para la seguridad.

4.5.3 Simulacros de desastres

Su importancia radica en los siguientes factores:

- Se prueban la conciencia y preparación del personal para afrontar el desastre.

- Se identifican las omisiones en los planes contra desastres.

- El elemento sorpresa constituye una buena verificación moral para garantizar que estén vigentes las buenas prácticas de seguridad.

Los simulacros pueden hacerse para desastres parciales o totales, y de una manera esporádica, sin anunciarse con anticipación, ya que se perdería el factor sorpresa. De igual forma, a pesar de que el realismo es importante, un realismo exagerado puede transformar el simulacro en un desastre real.

4.5.4 Análisis de Impacto

Se reúne el siguiente inventario:

- Aplicaciones en desarrollo.

- Aplicaciones en producción

- Información perdida

- Informe de respuesta del personal y detalles sobre el conocimiento no apropiado.

- Cuantificación de la pérdida por la destrucción de información o la interrupción del proceso.

- Efectividad de los procedimientos de recuperación y respaldo, basados en el uso real de la información y equipos de respaldo.

Luego de haberlo reunido, se hace un análisis de las debilidades detectadas durante el simulacro y se formula un plan de acción para la corrección de todas esas debilidades.

5 AUDITORÍA DE SISTEMAS

5.1 Conceptos básicos de Auditoría

5.1.1 Tipos de Auditoria

* Financiera: evalúa información financiera y económica.

* Administrativa u organizativa: es el examen global y constructivo de la estructura de una empresa, institución, u organización, en cuando a sus planes y objetivos, métodos y controles, operación y recursos humanos y físicos.

* de Personal: busca verificar que el recurso humano de la empresa es el adecuado para formar parte de ella, en calidad y cantidad. Para ello debe tomar en cuenta adiestramiento (planificado y ejecutado), plazas vacantes existentes, perfiles de cargo e inclusive escalas de sueldos.

* De Gestión: evalúa los procesos de toma de decisiones en una organización.

* De Sistemas: evalúa sistemas automatizados.

5.1.2 Clasificación por Naturaleza del Equipo

- Interna: realizada por personal propio de la organización.
- Externa: realizada por personal contratado específicamente para ese fin.

5.2 Auditoría de Sistemas

Detecta fraudes, errores o atentados en los sistemas a través de controles oportunos.

5.2.1 Clasificación de acuerdo a su enfoque

- Durante el desarrollo de los sistemas: a medida que se van desarrollando los sistemas, se hace de una vez el seguimiento de las actividades, cumplimiento de normas y estándares, y adecuación de los programas, entre otras actividades.
- Después de la implantación: una vez que el sistema está en producción, se verifica su funcionamiento, a través de las herramientas y técnicas necesarias.

5.2.2 Clasificación de acuerdo al alcance

- En torno al computador: revisa los procedimientos para la entrada de los datos, y para la emisión y distribución de los

distintos reportes y salidas.

- En el computador: revisa el funcionamiento del sistema automatizado como tal.

5.2.3 Herramientas y Técnicas utilizadas

- Observación.
- Cuestionarios
- Entrevistas
- Pista de Auditoria
- Programas específicos
- Bibliotecas de Prueba

5.3 Análisis de los delitos a través del computador

Para poder determinar los elementos del problema de seguridad, se debe identificar el cuándo, dónde, por qué y cómo se origina, y quién los origina.

5.3.1 Por qué pueden cometerse delitos por computador

- Avaricia.
- Deseo de la "buena vida" y de posesiones materiales.

- Problemas financieros.
- Vivir por encima de los propios medios.
- Deudas de juego
- Enfermedades familiares

- Educación de los hijos
- Entre otros
- Auto gratificación del ego, por el reto de hacerlo.
- Caridad o Síndrome de Robin Hood (para entregar a los pobres)
- Venganza por insatisfacción personal (subempleo, ascensos negados, falta de reconocimiento, envidia).
- Omisiones o errores en los sistemas.
- Beneficios para la organización.
- Mentalidad turbada.

5.3.2 Cómo puede cometerse el delito por computador

- Falsificación de datos de entrada antes o durante su introducción al computador (falsificación o sustitución de documentos, cambio de discos o cintas, etc.)
- Caballo de Troya, a través de la inserción encubierta de instrucciones adicionales en un programa para que ejecute instrucciones o autorizadas cuando éste en producción.
- Salami, que consiste en el robo de pequeñas cantidades de activos de un gran número de fuentes.

- Bomba de tiempo, a través de la inserción de instrucciones no autorizadas en un programa, el cual al ser ejecutado en un momento determinado determina condiciones o estados que facilitan la realización de actos maliciosos no autorizados.

- Superzapping, a través de herramientas utilitarias como el "Superzap", que permite borrar o alterar archivos y programas.

- Puerta Trasera, que consiste en que los programadores insertan ayudas de depuración que  proporcionan brechas en el código para la inserción de instrucciones adicionales y facilidades para la obtención de salidas intermedias.

- Rastreo, que consiste en la búsqueda y obtención que pudo haber quedado disponible luego de la ejecución de un trabajo, normalmente a través de copias descartadas de listados, papeles carbón descartados, archivos temporales, búfer, etc.

- Filtración de la información.

- Intercepción electrónica en la comunicación.

- Simulación y Modelaje.

5.3.3 Perfil de los que comenten delitos por computador

Posición	% Incidentes
Altos Ejecutivos	9
Personal de Informática	19
Personal de Contabilidad	13
Tesorero	7
Personal de almacén	13
Combinaciones	39
Total	**100**

5.3.4 Factores que han permitido el incremento de delitos por computador

- Aumento del número de personas estudiando computación.
- Aumento del número de empleados con acceso a los equipos.
- Facilidad en el uso de los equipos.
- Incremento en la concentración del número de aplicaciones y de la información.

5.3.5 Informe de Auditoría (elementos)

- Introducción: objetivo y contenido del informe de auditoria
- Objetivos de la auditoría

- Alcance: cobertura de la evaluación realizada
- Opinión: con relación a la suficiencia del control interno del sistema evaluado
- Hallazgos
- Recomendaciones

6 CRIPTOGRAFÍA

6.1 ¿De dónde viene y qué es?

Criptografía viene del griego *krypto* (oculto) y *graphos* (escritura), y quiere decir "Escritura oculta".

De acuerdo al Diccionario Larousse Ilustrado, 2009, es:

- Arte de escribir en clave secreta o de un modo enigmático

- Técnica para asegurar la transmisión de información privada que utiliza una escritura convencional secreta, de manera que sea ilegible para cualquiera que no posea la clave de descifrado.

6.2 Componentes

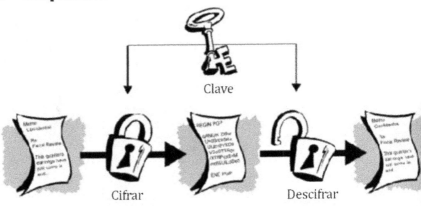

Clave

Cifrar   Descifrar

Mensaje en claro   Mensaje codificado   Mensaje en

- **Mensaje claro**: mensaje original que puede ser leído por cualquier persona
- **Clave**: llave necesaria para cifrar y descifrar mensajes.
  - o Simétrica: la misma llave para cifrar se usa para descifrar
  - o Asimétrica: se usa una llave para cifrar y otra para descifrar
- **Algoritmo**: método para cifrar y descifrar el mensaje
- **Mensaje cifrado**: mensaje sin significado aparente
- **Cifrar**: cambiar caracteres del mensaje claro al cifrado, mediante clave y algoritmo
- **Descifrar**: cambiar caracteres del mensaje cifrado al claro, mediante clave y algoritmo

6.3 Propiedades

- **Confidencialidad**: garantiza que la información está accesible únicamente a personal autorizado
- **Integridad**: garantiza la corrección y completitud de la información

- **Vinculación:** permite vincular un documento o transacción a una persona o un sistema de gestión criptográfico automatizado

- **Autenticación:** proporciona mecanismos que permiten verificar la identidad del comunicante

- Soluciones a problemas de la falta de simultaneidad en la telefirma digital de contratos

6.4 Evolución

- Atbash: 590 a.c. Uno de los primeros métodos criptográficos más esquemáticos que consiste en cifrar mensajes usando el "alfabeto" en reversa, es decir se efectúa la siguiente sustitución:

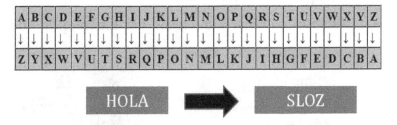

- Escítala: sistema de criptografía utilizado por los éforos espartanos para el envío de mensajes secretos. Está formada por dos varas de grosor variable (pero ambas de grosor similar) y una tira de cuero o papiro, a las que ambas se puede denominar escítala.

- Cifrador de Polybios que data de un par de siglos antes de Cristo. Es el cifrador por sustitución de caracteres más antiguo que se conoce. Es sistema es bastante rudimentario, consistía en conseguir una correspondencia de una letra con otro par mediante una matriz en la que se colocaba el alfabeto completo.

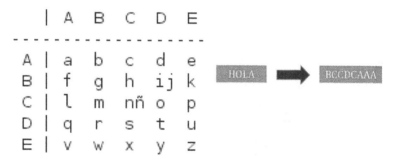

```
  | A   B   C   D   E
-----------------------
A | a   b   c   d   e
B | f   g   h   ij  k
C | l   m   nñ  o   p
D | q   r   s   t   u
E | v   w   x   y   z
```

- Cifrado César, también conocido como cifrado por desplazamiento, código de César o desplazamiento de César, es una de las técnicas de codificación más simples y más usadas. Es un tipo de cifrado por sustitución en el que una letra en el texto original es reemplazada por otra letra que se encuentra un número fijo de posiciones más adelante en el alfabeto. Fue usado por Julio César y sus Generales.

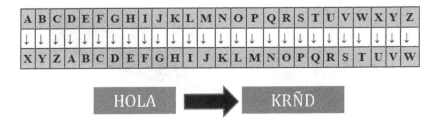

- ROT13 («rotar 13 posiciones», a veces con un guion: ROT-13) es un sencillo cifrado César utilizado para ocultar un texto sustituyendo cada letra por la letra que está trece posiciones por delante en el alfabeto. A se convierte en N, B se convierte en O y así hasta la M, que se convierte en Z. Luego la secuencia se invierte: N se convierte en A, O se convierte en B y así hasta la Z, que se convierte en M.

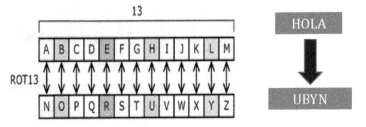

- Cifrado de Trithemius o Vigenere: es un método de codificación polialfabético inventado por Johannes Trithemius durante el Renacimiento.   Para codificar una palabra o mensaje se toma la primera letra y se reemplaza usando el código César con el desplazamiento de una, en realidad, la primera letra no cambia. Después se localiza la fila que inicia con la segunda letra y se reemplaza con la segunda letra de esa fila, después se localiza la fila que inicia con la tercera letra y se reemplaza con la tercera letra de esa fila y así sucesivamente.

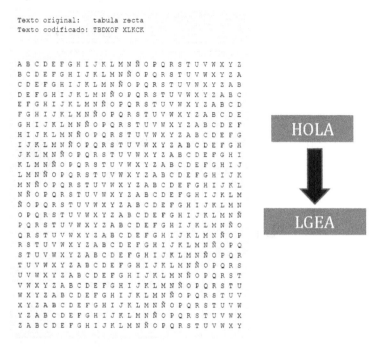

```
Texto original:    tabula recta
Texto codificado: TBDXOF XLKCK
```

- Cifrado de Alberti es el método de cifrado descrito por Leon Battista Alberti en su tratado 'De Cifris' en 1466. Constituye el primero cifrado por sustitución polialfabético conocido. El modo en el que se cambiaba de alfabeto no era periódico. Para facilitar el proceso de cifrado/descifrado propone unos artilugios conocidos como 'discos de Alberti'.

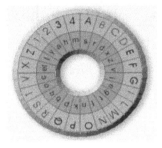 

- Criptex es un dispositivo de forma cilíndrica mencionada en la novela El Código Da Vinci de Dan Brown, para ocultar secretos en su interior. En su interior se encuentra un papiro, el cual está enrollado alrededor de una probeta con vinagre. Esta probeta se rompe con un mecanismo si se fuerza o recibe un golpe, arruinando el papiro. De este modo, la única forma  de abrirlo es sabiendo la contraseña. Está rodeado de letras o números que se giran formando palabras o combinaciones. Cuando se alinean correctamente, se puede acceder a su interior. Aunque este artilugio se describe como una creación original de Da Vinci, no hay datos verificables que confirmen esta teoría.

- Enigma era el nombre de una máquina que disponía de un mecanismo de cifrado rotatorio, que permitía usarla tanto para cifrar como para descifrar mensajes. Varios de sus modelos fueron muy utilizados en Europa desde inicios de los años 1920. Su fama se debe a haber sido adoptada por las fuerzas militares de Alemania desde 1930. Su facilidad de manejo y supuesta inviolabilidad fueron las principales razones para su amplio uso.

Máquina Sturgeon, también usada por los Nazis durante la 2da Guerra Mundial.

Las máquinas de cifrado aliadas utilizadas en la Segunda Guerra Mundial incluían la Typex británica y la SIGABA estadounidense; ambos eran diseños de rotores electromecánicos similares en espíritu a la Enigma, aunque con mejoras importantes

- RSA (Rivest, Shamir y Adleman) es un sistema criptográfico de clave pública desarrollado en 1977. Es el primer y más utilizado algoritmo de este tipo y es válido tanto para cifrar como para firmar digitalmente. Su seguridad radica en el problema de la factorización de números enteros. Los mensajes enviados se representan mediante números, y el funcionamiento se basa en el producto, conocido, de dos números primos grandes elegidos al azar y mantenidos en secreto. Actualmente estos primos son del orden de 10200, y se prevé que su tamaño crezca con el aumento de la capacidad de cálculo de los ordenadores. Cada usuario posee dos claves de cifrado: una pública y otra privada. Cuando se quiere enviar un mensaje, el emisor busca la clave pública del receptor, cifra su mensaje con esa clave, y una vez que el mensaje cifrado llega al receptor, este se ocupa de descifrarlo usando su clave privada. Digamos que p y q son 2 números primos, y d un número entero tal que d se factoriza en (p-1)*(q-1)). De esta manera, el terceto (p,q,d) representa la clave privada.   Así, la clave pública es un doblete (n, e) creado con la clave privada a través de las siguientes transformaciones: 1|n = p * q e = 1/d mod((p-1)(q-1)).   Digamos que M es el mensaje a enviar. El mensaje M necesita factorizarse en la clave n. El descifrado se basa en el teorema de Euler, que estipula que si M y n se factorizan, entonces: 1| $M^{phi(n)}$ = 1 mod(n). Phi(n) será la función totient y, en este ejemplo, tendría un valor de (p-1)*(q-1). Es necesario que M no sea un múltiplo de p, q o n. Una solución sería dividir el mensaje M en bits Mi de manera que la cantidad de números en cada Mi sea estrictamente inferior a la de p y q. Esto supone que p y q son grandes, que es lo que sucede en la práctica ya que el principio de RSA yace en la dificultad de encontrar p y q en un período de tiempo razonable cuando se conoce n; esto asume que p y q son grandes.

Un ejemplo de RSA

Un ejemplo pedagógico trivial del algoritmo RSA se muestra en la siguiente animación. Para este ejemplo hemos seleccionado *p=3 y q=11*, dando *n=11 y z=20*. Un valor adecuado de *d* es *d=7*, puesto que 7 y 20 no tienen factores comunes.

Con estas selecciones, *e* puede encontrarse resolviendo la ecuación 7e≈1(mod 20), que produce *e=3*. El texto cifrado, *C*, de un mensaje de texto normal, *P*, se da por la regla *C=P³(mod 33)*. El texto cifrado lo descifra el receptor de acuerdo con la regla *P= C⁷(mod 33)*. Observe la animación tanto en el emisor como en el receptor, donde se muestra el cifrado-descifrado del texto normal "CASA".

Simbólico	Número	p³	p³(mod 33)
C	05	125	26
A	01	1	01
S	19	6859	28
A	01	1	01

Texto Cifrado (C)	C⁷	C⁷ (mod 33)	Simbólico
26	8031810176	5	C
01	1	1	A
28	13492928512	19	S
01	1	1	A

EMISOR → 26012801 → RECEPTOR

- *Honey Encription:* Hace que a un atacante le resulte más difícil saber si han adivinado la contraseña o clave de encriptado correctamente o no. Cuando se  usa la clave incorrecta para desencriptar algo protegido por este sistema, el software genera una serie de datos falsos que se parecen a los auténticos. El encriptado *Honey Encryption* bombardeará a los atacantes con información falsa que parezca creíble. Proporciona una capa extra de protección a los datos encriptados, sirviendo datos falsos después de cada intento fallido de introducir una contraseña o la clave de encriptado. Si el atacante acaba acertando, los datos reales andarán perdidos entre un montón de datos falsos.

6.5   Clasificación

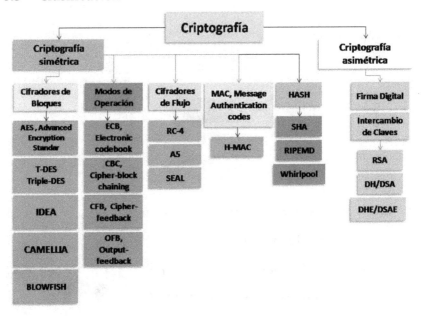

6.6   ¿Cómo encriptar el correo electrónico?

Existen varios servicios que permiten encriptar los correos electrónicos enviados. Se presentan algunos, a continuación:

Encipher: un servicio online que brinda la posibilidad de encriptar todos los mensajes que envíes a través de Gmail, Outlook, Yahoo y Facebook, con el fin de reforzar tu seguridad informática.

MS Outlook: a partir de versión 2007 permite cifrar con clave pública y privada los mensajes enviados.

Se pueden revisar en las siguientes direcciones:

Encipher	https://encipher.it/	
GNUPG	http://www.gnupg.org/	
MS Outlook	a partir v.2007	
Hushmail	https://www.hushmail.com/	
Vaultletmail	http://www.vaultletsoft.com	
Enigmail	https://www.enigmail.net	

7 LOS CORTAFUEGOS O FIREWALLS

7.1 ¿Qué son los Cortafuegos en Informática?

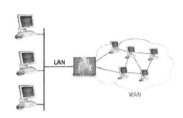

Un *firewall* es un dispositivo que sirve como protección entre redes, permitiendo o negando las transmisiones de una red a otra. Un uso típico es situarlo entre una red local y la Internet, como dispositivo de seguridad para evitar que personas ajenas puedan tener acceso a información confidencial.

Un *firewall* es simplemente un filtro que controla todas las comunicaciones que pasan de una red a otra y en función de lo que sean permite o niega su paso. Para permitir o negar una comunicación, el *firewall* examina el tipo de servicio al que corresponde, como pueden ser el web, el correo o el IRC[5]. Dependiendo del servicio el *firewall* decide si lo permite o no. Además, el *firewall* examina si la comunicación es entrante o saliente y dependiendo de su dirección puede permitirla o no.

De este modo un *firewall* puede permitir desde una red local hacia Internet servicios de web, correo y ftp[6], pero no a IRC que puede ser innecesario para el trabajo. También se pueden

---

[5] **IRC** (*Internet Relay Chat*) es un protocolo de comunicación en tiempo real basado en texto, que permite debates entre dos o más personas.

[6] **FTP** (*File Transfer Protocol*, 'Protocolo de Transferencia de Archivos') es un protocolo de red para la transferencia de archivos entre sistemas conectados a una red TCP (*Transmission Control Protocol*), basado en la arquitectura cliente-servidor.

configurar los accesos que se hagan desde Internet hacia la red local y se pueden denegarlos todos o permitir algunos servicios como Internet, (si es que se posee un servidor web y se quiere que sea accesible desde Internet). Dependiendo del *firewall* que tengamos también se podrán permitir algunos accesos a la red local desde Internet si el usuario se ha autentificado como usuario de la red local.

Un *firewall* puede ser un dispositivo software o hardware, es decir, un aparato que se conecta entre la red y el cable de la conexión a Internet, o bien un programa que se instala en la máquina que tiene el modem que conecta con Internet. Incluso se pueden encontrar computadores muy potentes y con software específico que lo único que hace es monitorear las comunicaciones entre redes.

7.2 Historia de los Cortafuegos

El término "*firewall* / *fireblock*" significaba originalmente una pared para confinar un incendio o riesgo potencial de incendio en un edificio. Más adelante se usó para referirse a las  estructuras similares, como la hoja de metal que separa el compartimiento del motor de un vehículo o una aeronave de la cabina.

La tecnología de los cortafuegos surgió a finales de 1980, cuando Internet era una tecnología bastante nueva en cuanto a su uso global y la conectividad. Los predecesores de los cortafuegos para la seguridad de la red fueron los *routers* utilizados a finales de 1980, que mantenían a las redes separadas unas de otras. La visión de Internet como una comunidad relativamente pequeña de usuarios con máquinas compatibles, que valoraba la predisposición para el intercambio y la colaboración, terminó con una serie de importantes violaciones de seguridad de Internet que se produjo a finales de los 1980's:

- Clifford Stoll, que descubrió la forma de manipular el sistema de espionaje alemán.
- Bill Cheswick, cuando en 1992 instaló una cárcel simple electrónica para observar a un atacante.
- En 1988, un empleado del Centro de Investigación Ames de la NASA, en California, envió una nota por correo electrónico a sus colegas que decía:
    - "Estamos bajo el ataque de un virus de Internet! Ha llegado a Berkeley, UC San Diego, Lawrence Livermore, Stanford y la NASA Ames."
- El Gusano Morris, que se extendió a través de múltiples vulnerabilidades en las máquinas de la época. Aunque no era malicioso, el gusano Morris fue el primer ataque a gran escala sobre la seguridad en Internet; la red no

esperaba ni estaba preparada para hacer frente a su ataque.

7.2.1 Primera generación – cortafuegos de red: filtrado de paquetes

El primer documento publicado y referido a la tecnología firewall data de 1988, cuando el equipo de ingenieros en *Digital Equipment Corporation* (DEC) desarrolló los sistemas de filtro  conocidos como cortafuegos de filtrado de paquetes. Este sistema, bastante básico, fue la primera generación de lo que se convertiría en una característica más técnica y evolucionada de la seguridad de Internet. En AT&T Bell, Bill Cheswick y Steve Bellovin, continuaban sus investigaciones en el filtrado de paquetes y desarrollaron un modelo de trabajo para su propia empresa, con base en su arquitectura original de la primera generación.

El filtrado de paquetes actúa mediante la inspección de los paquetes (que representan la unidad básica de transferencia de datos entre ordenadores en Internet). Si un paquete coincide con el conjunto de reglas del filtro, el paquete se reducirá (descarte silencioso) o será rechazado (desprendiéndose de él y enviando una respuesta de error al emisor). Este tipo de filtrado de paquetes no presta atención a si el paquete es parte de una secuencia existente de tráfico. En su lugar, se filtra cada paquete basándose únicamente en la información contenida en el paquete en sí (por lo general utiliza una combinación del emisor del paquete y la dirección de destino, su protocolo, y, en el tráfico TCP y UDP, el número de puerto). Los protocolos TCP y UDP comprenden la mayor parte de comunicación a través de Internet, utilizando por convención puertos bien conocidos para determinados tipos de tráfico, por lo que un filtro de paquetes puede distinguir entre ambos tipos de tráfico (ya sean navegación web, impresión remota, envío y recepción de correo electrónico, transferencia de archivos); a menos que las máquinas a cada lado del filtro de paquetes estén a la vez utilizando los mismos puertos no estándar.

El filtrado de paquetes llevado a cabo por un cortafuegos actúa en las tres primeras capas del modelo de referencia OSI, lo que significa que todo el trabajo lo realiza entre la red y las capas físicas. Cuando el emisor origina un paquete y es filtrado por el cortafuegos, éste último comprueba las reglas de filtrado de paquetes que lleva configuradas, aceptando o rechazando el paquete en consecuencia. Cuando el paquete pasa a través de cortafuegos, éste filtra el paquete mediante un protocolo y un número de puerto base (GSS). Por ejemplo, si existe una norma en el cortafuegos para bloquear el acceso telnet, bloqueará el protocolo IP para el número de puerto 23.

7.2.2   Segunda generación – cortafuegos de estado

Durante 1989 y 1990, tres colegas de los
laboratorios AT&T Bell, Dave Presetto,
Janardan   Sharma,   y   Nigam   Kshitij,
desarrollaron la tercera generación de

servidores de seguridad. Esta tercera generación cortafuegos
tiene en cuenta además la colocación de cada paquete
individual dentro de una serie de paquetes. Esta tecnología se
conoce generalmente como la inspección de estado de
paquetes, ya que mantiene registros de todas las conexiones
que pasan por el cortafuegos, siendo capaz de determinar si
un paquete indica el inicio de una nueva conexión, es parte de
una conexión existente, o es un paquete erróneo. Este tipo de
cortafuegos   pueden   ayudar   a   prevenir   ataques   contra
conexiones en curso o ciertos ataques de denegación de
servicio.

7.2.3   Tercera generación - cortafuegos de aplicación

Son aquellos que actúan sobre la
capa de aplicación del modelo OSI.
La clave de un cortafuegos de
aplicación es que puede entender

ciertas aplicaciones y protocolos (por ejemplo: protocolo de
transferencia de ficheros, DNS o navegación web), y permite

detectar si un protocolo no deseado se coló a través de un puerto no estándar o si se está abusando de un protocolo de forma perjudicial.

Un cortafuegos de aplicación es mucho más seguro y fiable cuando se compara con un cortafuegos de filtrado de paquetes, ya que repercute en las siete capas del modelo de referencia OSI. En esencia es similar a un cortafuegos de filtrado de paquetes, con la diferencia de que también podemos filtrar el contenido del paquete. El mejor ejemplo de cortafuegos de aplicación es ISA (*Internet Security and Acceleration*).

Un cortafuegos de aplicación puede filtrar protocolos de capas superiores tales como FTP, TELNET, DNS, DHCP, HTTP, TCP, UDP y TFTP (GSS). Por ejemplo, si una organización quiere bloquear toda la información relacionada con una palabra en concreto, puede habilitarse el filtrado de contenido para bloquear esa palabra en particular. No obstante, los cortafuegos de aplicación resultan más lentos que los de estado.

7.2.4   Acontecimientos posteriores

En 1992, Bob Braden y DeSchon Annette, de la Universidad del Sur de California (USC), dan forma al concepto de cortafuegos. Su producto, conocido como "Visas", fue el primer sistema con una interfaz gráfica con colores e iconos, fácilmente implementable y compatible con sistemas operativos como Windows de Microsoft o MacOS de Apple. En 1994, una compañía israelí llamada Check Point Software Technologies lo patentó como software denominándolo FireWall-1.

La funcionalidad existente de inspección profunda de paquetes en los actuales cortafuegos puede ser compartida por los sistemas de prevención de intrusiones (IPS).

Actualmente, el Grupo de Trabajo de Comunicación Middlebox de la Internet Engineering Task Force (IETF) está trabajando en la estandarización de protocolos para la gestión de cortafuegos.

Otro de los ejes de desarrollo consiste en integrar la identidad de los usuarios dentro del conjunto de reglas del cortafuegos. Algunos cortafuegos proporcionan características tales como unir a las identidades de usuario con las direcciones IP o MAC. Otros, como el cortafuegos NuFW, proporcionan características de identificación real solicitando la firma del usuario para cada conexión.

7.3 Tipos de cortafuegos

7.3.1 Nivel de aplicación de pasarela

Aplica mecanismos de seguridad para aplicaciones específicas, tales como servidores FTP y Telnet. Esto es muy eficaz, pero puede imponer una degradación del rendimiento.

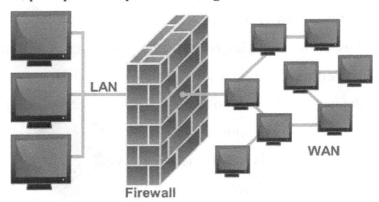

7.3.2 Circuito a nivel de pasarela

Aplica mecanismos de seguridad cuando una conexión TCP o UDP es establecida. Una vez que la conexión se ha hecho, los paquetes pueden fluir entre los anfitriones sin más control. Permite el establecimiento de una sesión que se origine desde una zona de mayor seguridad hacia una zona de menor seguridad.

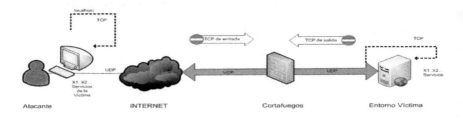

7.3.3 Cortafuegos de capa de red o de filtrado de paquetes

Funciona a nivel de red (capa 3 del modelo OSI, capa 2 del stack de protocolos TCP/IP) como filtro de paquetes IP. A este nivel se  pueden realizar filtros según los distintos campos de los paquetes IP: dirección IP origen, dirección IP destino. A menudo en este tipo de cortafuegos se permiten filtrados según campos de nivel de transporte (capa 3 TCP/IP, capa 4 Modelo OSI), como el puerto origen y destino, o a nivel de enlace de datos (no existe en TCP/IP, capa 2 Modelo OSI) como la dirección MAC.

7.3.4 Cortafuegos de capa de aplicación

Trabaja en el nivel de aplicación (capa 7 del modelo OSI), de manera que los filtrados se pueden adaptar a características propias de los protocolos de este nivel. Por ejemplo, si se trata de tráfico HTTP, se pueden realizar filtrados según la URL a la que se está intentando acceder.

Un cortafuegos a nivel 7 de tráfico HTTP suele denominarse proxy, y permite que los computadores de una organización entren a Internet de una forma controlada. Un proxy oculta de manera eficaz las verdaderas direcciones de red.

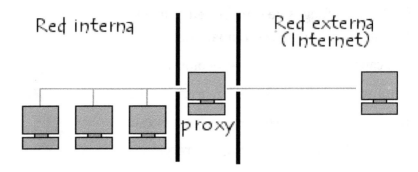

7.3.5 Cortafuegos personal

Es un caso particular de cortafuegos que se instala como software en un computador, filtrando las comunicaciones entre dicho computador y el resto de la red. Se usa por tanto, a nivel personal.

7.4 Recordatorio de las Capas del modelo OSI

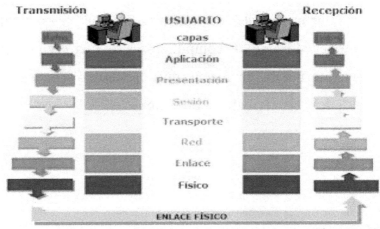

7.5 Opciones en el mercado

Cisco	http://www.cisco.com/	
McAfee	http://shop.mcafee.com/	
Fortinet	http://www.fortinet.com/	
Trustwave	https://www.trustwave.com/	
Checkpoint	http://www.checkpoint.com/	
ModSecurity	http://www.modsecurity.org/	
Sophos	http://www.sophos.com/	
Cyberoam	http://www.cyberoam.com/	

8 INGENIERÍA SOCIAL

Realmente la Ingeniería Social no es una nueva disciplina ni nada por el estilo. Existe y se viene aplicando desde el principio de la humanidad. Donde hay embaucadores y timadores, y donde hay incautos e ingenuos, hay Ingeniería Social. Es muy escuchada la expresión de "Todos los días sale un tonto a la calle. El que lo agarre es de él."

La idea de estas líneas es ofrecer una idea acerca de lo que es la Ingeniería Social, indicar cómo se lleva a cabo la Ingeniería Social, cómo se pueden evitar los ataques a través de la Ingeniería Social, las consecuencias de las apariciones de las llamadas Redes Sociales, y el discutir hasta dónde es ético hacer Ingeniería Social.

Una de las medidas más efectivas para contrarrestar las acciones de la Ingeniería Social, es el conocimiento. Por lo tanto, mientras más se conozca, mejor se estará preparado para no caer en las manos de los Ingenieros Sociales.

8.1 ¿Qué es Ingeniería Social?

¿A cuántas personas conocemos que nos han dicho que le "*hackearon*" su cuenta de correo? ¿O que alguien hizo "operaciones fraudulentas" con su cuenta de usuario en una empresa? ¿O que sencillamente alguien "se metió" en su Banco Virtual y le "limpió" la cuenta? ¿A cuántas personas no le han "clonado" su tarjeta de crédito o de débito? ¿A cuántas personas le han aplicado el "paquete chileno"?

Pues esas personas han sido víctimas de la llamada "Ingeniería Social".

Alvin Toffler

Alvin Toffler (en sus obras "La Tercera Ola" o "*The Third Wave*" y "Cambio de Poder" o "*Powershift*", publicadas en 1980 y 1990 respectivamente) habla de las "Olas" o "Eras" de la humanidad, comenzando por la 1ra Ola, donde el poder descansa en quien tiene la fuerza (o grandes ejércitos). Con el advenimiento de la Revolución Industrial llega la 2da Ola, donde quien tiene dinero tiene el poder. En los tiempos modernos, en la llamada 3ra Ola, se dice que quien posee la información tiene el poder.

Fuerza   Riqueza   Información

Y esto último se corrobora al ver que muchas de las personas influyentes actualmente, son personas ligadas a los medios de comunicación, donde precisamente la materia prima con la que trabajan en la información. Podemos citar por ejemplo a

Bill Gates (EEUU), Carlos Slim (México), Ted Turner (EEUU), Silvio Berlusconi (Italia), entre otros.

¿Y qué tiene que ver eso con la Ingeniería Social? ¿Qué es Ingeniería Social?

Se puede hacer una recopilación de varias definiciones que ayudará a dar una idea más amplia acerca de la "Ingeniería Social":

- Técnica especializada o empírica del uso de acciones estudiadas o habilidosas que permiten manipular a las personas para que voluntariamente realicen actos que normalmente no harían.[7]

- Es el conjunto de conocimientos y habilidades que se requieren para manipular a las personas de tal forma que lleven a cabo una acción que normalmente no harían.[8]

- Todo artilugio, tretas y técnicas más elaboradas a través del engaño de las personas en revelar contraseñas u otra información, más que la obtención de dicha información a través de las debilidades propias de una implementación y mantenimiento de un sistema.[9]

---

[7] http://www.perantivirus.com/sosvirus/pregunta/ingsocial.htm

[8] http://blogs.technet.com/seguridaddigitalmexico/archive/2009/01/23/ingenier-a-social.aspx

[9] http://www.rompecadenas.com.ar/ingsocial.htm

- Es la práctica de obtener información confidencial a través de la manipulación de usuarios legítimos.[10]
- Son técnicas basadas en engaños que se emplean para dirigir la conducta de una persona u obtener información sensible.[11]
- Es una disciplina que consiste, ni más ni menos en sacar información a otra persona sin que ésta sé de cuenta de que está revelando "información sensible".[12]

Haciendo un análisis, se puede apreciar, entre las definiciones presentadas hay una serie de elementos comunes, que se pueden identificar:

- La presencia de un "Ingeniero Social" o de la persona que busca la información

- La presencia de una persona incauta o inocente, que ofrece la información
- Herramientas, instrumentos y técnicas para encontrar la información
- Un objetivo definido que se pretende alcanzar (ya sea obtener lucro o perjudicar y causar daño)

10
http://es.wikipedia.org/wiki/Ingenier%C3%ADa_social_(seguridad_inform%C3%A1tica)
11 http://www.forospyware.com/glossary.php?do=viewglossary&term=162
12 http://hackandalus.nodo50.org/ftp/ingenieria_social.hack04ndalus.ppt

Entonces, se puede decir que simplemente la Ingeniería Social implica el valerse de cualquier medio para obtener información acerca de una o varias personas, con el fin de alcanzar un beneficio o de causar algún daño. No se asocia sólo a las acciones ejecutas en línea (o en la red), y se aprovecha de la credulidad de las personas.

8.2 ¿Cómo se hace Ingeniería Social?

La Ingeniería Social es tan antigua como la humanidad, ya que desde tiempos inmemorables han existido timadores y embaucadores.

Kevin Mitnick

Y precisamente, el terreno fértil para poder llevar a cabo una Ingeniería Social viene dado por algunos principios señalados por Kevin Mitnick[13], a la sazón uno de los llamados padres de la Ingeniería Social:

- Todos queremos ayudar.
- El primer movimiento es siempre de confianza hacia el otro.
- No nos gusta decir No.

[13] http://www.kevinmitnick.com/

- A todos nos gusta que nos alaben.

Aparte de esos principios, se pueden identificar otros factores que ayudan al Ingeniero Social en su "labor":

- En sistemas de información o en redes, el eslabón más débil de la cadena siempre es el usuario

- El miedo y la codicia
- La inocencia y la credulidad

Ahora bien, ¿quiénes hacen Ingeniería Social?

En teoría cualquier persona, pero se han identificado varios grupos que llevan a cabo la actividad, como lo son:

- Detectives privados
- Miembros de organismos policiales y/o de inteligencia gubernamental o comercial
- Delincuentes organizados
- Hackers[14] y Crackers[15] (delincuentes organizados, pero orientados hacia la Tecnología de Información)
- Personas curiosas que sientan el deseo de obtener información acerca de otras personas

Algunas de las formas conocidas de hacer Ingeniería Social son:
1.   Suplantación de identidad o *Phishing*[16]
2.   *Spear Phishing*[17]
3.   Simple embaucamiento
4.   Envío de archivos adjuntos en el correo electrónico
5.   Recolección de hábitos de las víctimas potenciales
6.   Revisión de desperdicios o basura
7.   Vishing

---

[14] Se dedican a entrar en cuentas y/o portales sin autorización, por la satisfacción de haberlo hecho, sin tener finalidad dañina o destructiva
[15] Se dedican a alterar la información y realizar ataques a otros sistemas con una finalidad dañina o destructiva
[16] Derivación del vocablo inglés "fishing" o pesca
[17] Del inglés, pesca con arpón

8.2.1 Suplantación de identidad o *Phishing*

Phishing es un término informático que se refiere a un tipo de delito encuadrado dentro del ámbito de las estafas, y que se comete al intentar adquirir información confidencial de forma fraudulenta (como puede ser una contraseña o información detallada sobre tarjetas de crédito u otra información bancaria). El estafador, conocido como *phisher*, se hace pasar por una persona o empresa de confianza en una aparente comunicación oficial electrónica, por lo común un correo electrónico, o algún sistema de mensajería instantánea o incluso utilizando también llamadas telefónicas[18]. Se deriva del vocablo inglés "*fishing*" o pesca, por la metáfora de "pescar" víctimas incautas a través de señuelos.

De hecho, Kevin Mitnick se hizo famoso por su *Phishing* telefónico, con el cual pudo obtener información sensible de numerosos usuarios, mediante llamadas telefónicas realizadas.

Una de las primeras variantes del *Phishing* se conoce como "Estafa Nigeriana", que a su vez tiene al menos cinco (5) tipos:

---

[18] http://es.wikipedia.org/wiki/Phishing

1. La clásica estafa nigeriana o africana, en la que una supuesta autoridad gubernamental, bancaria o petrolera africana solicita al destinatario los datos de su cuenta bancaria con el objeto de transferir a ella grandes sumas de dinero que desean sacar del país, por supuesto a cambio de una sustanciosa comisión. Caso de aceptar y tras una serie de contactos por correo electrónico e incluso por fax o teléfono, en un momento dado se solicita al incauto algún desembolso con el que poder hacer frente a gastos inesperados e incluso sobornos. Por supuesto ni las cantidades adelantadas serán nunca restituidas, ni se recibirán jamás los beneficios prometidos.

2. En el timo de la lotería, el mensaje indica que el destinatario ha obtenido un premio de la lotería, aún cuando no haya participado en sorteo alguno. A partir de aquí la mecánica es similar al caso anterior, tras sucesivos contactos se acaba solicitando algún tipo de desembolso al efecto de sufragar los gastos ocasionados por algún ineludible trámite.

3. El Tío de América, consiste en un mensaje de correo electrónico en el que los supuestos albaceas de un desconocido y adinerado pariente anuncian su fallecimiento y notifican al destinatario su inclusión entre los beneficiarios del testamento. Como en los otros casos, en algún momento del proceso los timadores acabarán solicitando que el incauto afronte algún tipo de gasto. Es de reseñar que en este caso se utilizan técnicas de ingeniería social, ya que el apellido del difunto se hace coincidir con el del destinatario.

4. El prisionero español o peruano. Este timo tiene un origen muy anterior a los previos, a comienzos del siglo XX. En esta versión, uno de los timadores, el confidente, contacta con la víctima para explicarle que está en contacto con una persona muy famosa e influyente que está encerrada en una cárcel española (o según versiones más modernas, de algún país

africano) bajo una identidad falsa. No puede revelar su identidad para obtener su libertad, ya que esa acción tendría repercusiones muy graves, y le ha pedido al confidente que consiga suficiente dinero para pagar su defensa o fianza. El confidente ofrece a la víctima la oportunidad de aportar parte del dinero, a cambio de una recompensa extremadamente generosa cuando el prisionero salga libre. Sin embargo, una vez entregado el dinero, surgen más complicaciones que requieren más dinero, hasta que la víctima ya no puede o quiere aportar más. En ese momento se acaba el timo y el confidente desaparece.

5. La venta del teléfono móvil (celular) en eBay. En este fraude, los timadores localizan a usuarios particulares de eBay que tengan a la venta teléfonos móviles. Ofrecen una puja muy alta en el último momento, ganando así la subasta. A continuación se ponen en contacto con el vendedor para explicarle que desean enviar el móvil a un supuesto hijo que está trabajando como misionero en Nigeria pero que el pago se efectúe mediante Paypal, por lo que necesitan conocer la cuenta del vendedor para depositar el dinero. A continuación envían un falso mensaje con las cabeceras falsificadas para que parezca que proviene de Paypal, confirmando que el pago se ha realizado. Si el vendedor intenta comprobarlo desde el enlace que se da en el mensaje será reenviado a una web falsa con la apariencia de ser de Paypal, donde se les explica que, por motivos de seguridad, el pago, aunque ha sido realizado, no será transferido a su cuenta hasta que no se realice el envío. Obviamente, si envía el móvil al comprador, nunca recibirá el dinero.[19]

---

[19] http://es.wikipedia.org/wiki/Estafa_nigeriana

También se presenta la modalidad de Lavado de Dinero mediante el *Phishing*.

Empresas ficticias reclutan teletrabajadores por medio de e-mails, chats, irc y otros medios, ofreciéndoles no sólo trabajar desde casa sino también otros jugosos beneficios. Aquellas personas que aceptan la oferta se convierten automáticamente en víctimas que incurren en un grave delito sin saberlo: el blanqueo de dinero obtenido a través del acto fraudulento de *phishing*.

Para que una persona pueda darse de alta con esta clase de empresas debe rellenar un formulario en el cual indicará, entre otros datos, su número de cuenta bancaria. Esto tiene la finalidad de ingresar en la cuenta del trabajador-víctima el dinero procedente de estafas bancarias realizadas por el método de *phishing*. Una vez contratada, la víctima se convierte automáticamente en lo que se conoce vulgarmente como mulero.

Con cada acto fraudulento de *phishing* la víctima recibe el cuantioso ingreso en su cuenta bancaria y la empresa le notifica del hecho. Una vez recibido este ingreso, la víctima se quedará un porcentaje del dinero total, pudiendo rondar el

10%-20%, como comisión de trabajo y el resto lo reenviará a través de sistemas de envío de dinero a cuentas indicadas por la seudo-empresa.

Dado el desconocimiento de la víctima (muchas veces motivado por la necesidad económica) ésta se ve involucrada en un acto de estafa importante, pudiendo ser requerido por la justicia previa denuncia de los bancos. Estas denuncias se suelen resolver con la imposición de devolver todo el dinero sustraído a la víctima, obviando que este únicamente recibió una comisión.[20]

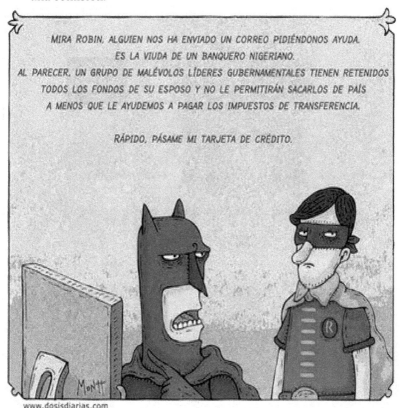

[20] http://es.wikipedia.org/wiki/Phishing

Los Ingenieros Sociales gustan de usurpar o suplantar identidades en cuentas de correo ya existentes. Para eso se sirven de los llamados "*xploits*", que no son más que portales que envían tarjetas postales (por ejemplo de Gusanito.com) a las víctimas potenciales, y que antes de ser leídas pide que se introduzca la contraseña de la cuenta de correo. Por supuesto que esa contraseña se le envía de regreso al Ingeniero Social, quien luego toma el control del buzón de correos respectivo.

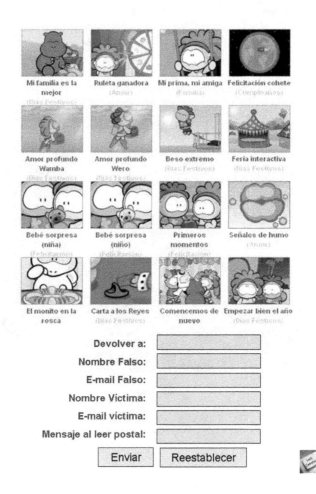

Otra variante es el *Phishing* bancario, en el cual se envía un correo electrónico a las víctimas potenciales, solicitando que sean actualizados sus datos personales. Por supuesto que lo dirige a una dirección falsa, donde se capturan datos sensibles de la víctima que serán usados para vaciar sus cuentas bancarias.

El ya mencionado *Phishing* telefónico, que mediante la voz agradable de un hombre o mujer, que supuestamente pertenece al equipo de soporte técnico de nuestra empresa o de nuestro proveedor de tecnología, requiere telefónicamente de información para resolver un inconveniente detectado en nuestra red.

8.2.2   Spear Phishing

El "*spear phishing*" es una variante del *Phishing*, Se traduce como "pesca de arpón" porque es un ataque de *Phishing* dirigido a un objetivo específico.

Los timadores de "*spear phishing*" envían mensajes de correo electrónico que parecen auténticos a todos los empleados o miembros de una determinada empresa, organismo, organización o grupo.

Podría parecer que el mensaje procede de un jefe o de un compañero que se dirige por correo electrónico a todo el personal (por ejemplo, el encargado de administrar los sistemas informáticos) y quizá incluya peticiones de nombres de usuario o contraseñas.

En realidad, lo que ocurre es que la información del remitente del correo electrónico ha sido falsificada. Mientras que las estafas de suplantación de identidad (*phishing*) tradicionales están diseñadas para robar datos de personas, el objetivo de las de "*spear phishing*" consiste en obtener acceso al sistema informático de una empresa.

Si responde con un nombre de usuario o una contraseña, o si hace clic en vínculos o abre datos adjuntos de un mensaje de correo electrónico, una ventana emergente o un sitio web desarrollado para una estafa de "*spear phishing*", puede convertirse en víctima de un robo de datos de identidad y poner en peligro a su organización.

Las estafas de "*spear phishing*" también se dirigen a personas que utilizan un determinado producto o sitio web. Los timadores utilizan toda la información de que disponen para personalizar al máximo posible la estafa de suplantación de identidad (*phishing*).[21]

---

[21] http://www.microsoft.com/spain/protect/yourself/phishing/spear.mspx

8.2.3 Simple embaucamiento

El Ingeniero Social hace uso de la técnica del paquete chileno. Esa es una "estafa que consiste en dejar caer un rollo de papeles que tiene en su exterior semejanza con un fajo de billetes. Cuando un transeúnte se acerca a recogerlo, el estafador (paquetero) finge hacer lo mismo y luego, en vez de repartirse el supuesto dinero, usa algún pretexto para convencer a la víctima de que esta le entregue algo de valor y se quede con el fajo"[22].

También puede usar el truco de la tarjeta de crédito atascada en el Cajero Automático para conocer el número de dicha tarjeta y la clave secreta.

Algo que ya se ha vuelto muy común en la actualidad es la clonación de tarjetas de crédito o de débito. Se debe tener mucho cuidado y no perder de vista la tarjeta con la que se vaya a cancelar alguna compra en cualquier establecimiento.

8.2.4 Envío de archivos adjuntos en el correo electrónico

El Ingeniero Social le envía un correo electrónico a la víctima potencial con un

---

[22] http://es.wiktionary.org/wiki/paquete_chileno

troyano adjunto, enviado por una persona que le es familiar o simplemente con un interesante título al destinatario como "es divertido, pruébalo", "mira a Anita desnuda", etc.

El Troyano no es más que un "programa malicioso capaz de alojarse en computadoras y permitir el acceso a usuarios externos, a través de una red local o de Internet, con el fin de recabar información o controlar remotamente a la máquina anfitriona".[23]

También puede enviar adjunto un capturador de teclas digitadas (*keyloggers*). "Un *keylogger* (deriva del inglés: *Key* (Tecla) y *Logger* (Registrador); registrador de teclas) es una herramienta de diagnóstico utilizada en el desarrollo de software que se encarga de registrar las pulsaciones que se realizan sobre el teclado, para memorizarlas en un fichero y/o enviarlas a través de internet."[24]

8.2.5   Recolección de hábitos de las víctimas potenciales

El Ingeniero Social crea perfiles ficticios y se infiltra en Redes Sociales o en Servicios de Mensajería, para poder recolectar información acerca de los hábitos de las víctimas potenciales. ¿Qué hombre se puede resistir al encanto de una escultural modelo que nos envía su sensual foto y que quiere ser nuestra

[23] http://es.wikipedia.org/wiki/Troyano_(inform%C3%A1tica)
[24] http://es.wikipedia.org/wiki/Keylogger

amiga? Un adolescente que no reciba la atención requerida por parte de sus padres puede conseguir un "amigo incondicional" en línea, a quien le cuente todo lo que le pasa y todo lo que hace.

Son incontables los casos de secuestros y robos que se han hecho, al levantar la información necesaria obtenida de manera fácil gracias a la ingenuidad y falta de malicia de las víctimas.

8.2.6 Revisión de desperdicios o basura

Revisar los desperdicios y la basura ("*trashing*" en inglés), es otro método popular que aplica la Ingeniería Social. Una gran cantidad de información puede ser recogida desde los colectores de desperdicios de las empresas. El "Lan Times"[25] elaboró una lista con los artículos echados en la basura que pueden representar una potencial fuga de información: libretas telefónicas, organigramas,

---

[25] http://packetstorm.decepticons.org/docs/social-engineering/soc_eng2.html

memorandas, manuales de procedimientos, calendarios (de reuniones, eventos y vacaciones), manuales de operación de sistemas, reportes con información sensible o con las cuentas de usuarios y sus contraseñas, códigos fuentes, discos flexibles o duros, formatos con membretes y hardware obsoleto.

Estas fuentes pueden proveer de una inagotable fuente de información para un Ingeniero Social. Las libretas telefónicas le suministran los nombres y números telefónicas de potenciales víctimas o de personas por las que se puede hacer pasar. Los organigramas contienen información acerca de las personas que están en posiciones de autoridad en la organización. Las memorandas proveen de información rutinaria que puede ser usada para aparentar autenticidad. Los manuales de procedimientos muestran cuán segura (o insegura) es la organización. Los calendarios son muy provechosos, ya que muestran cuándo los empleados van a encontrarse fuera de la ciudad. Los manuales de operación de sistemas, los reportes con información sensible y otro tipo de información técnica le dan al Ingeniero Social las herramientas para entrar a la red. Finalmente, el hardware obsoleto y los discos pueden contener información susceptible de ser recuperada.

8.2.7   Vishing

Existe una nueva modalidad de fraude para el robo de datos conocida como "Vishing", un término que combina 'voz' y 'phishing'.
La práctica consiste en un protocolo de voz e ingeniería social para obtener información de una persona que pudiera ser estafada.

Los cibercriminales utilizan un sistema de mensajes pregrabados o una persona que llama para solicitar, en muchos casos, información financiera personal.

Los bancos y las tarjetas de crédito jamás envían correos ni realizan llamadas telefónicas solicitando números de tarjeta, ni confirmación o actualización de datos.

8.3   ¿Hasta dónde es ético hacer Ingeniería Social?

Como todo en esta vida, es muy fácil justificar las razones por las cuales se puede llevar a cabo la Ingeniería Social. Los detectives privados dirán que es la manera de ganarse la vida, obteniendo la información requerida por sus clientes. Los Miembros de los Organismos Policiales o de Inteligencia Gubernamental dirán que es necesario hacerlo para mantener o preservar la Seguridad de Estado. Los Miembros de la Inteligencia Comercial harán ver que es para la sobrevivencia de su

compañía o empresa. Por supuesto que los Delincuentes Organizados hacen del delito su vida, y también es su manera de ganarse la vida. Los Hackers justifican sus acciones con el orgullo de haber obtenido la información que está restringida para la mayoría de los mortales. Y quizás los curiosos vean en la Ingeniería Social una manera "inofensiva" de llevar a cabo un pasatiempo.

Ahora bien, ¿es ético hurgar en Internet la información acerca de las demás personas, y tomar sus imágenes sin estar autorizados para ello? ¿Hasta qué punto nuestra información circula libremente en Internet?

Todo ello dependerá de los valores éticos y morales que cada quien posea. Es difícil a veces trazar la delimitación entre lo ético y lo que no es ético.

8.4 Proliferación de Redes Sociales y sus implicaciones en la Ingeniería Social

A menudo se escucha decir "quien no está en Internet, no es conocido".

De hecho, por mero ejercicio, pueden introducir su nombre en cualquier buscador de Internet, y quizás se sorprendan al ver los resultados de la búsqueda. Desde aparecer en una lista de graduandos de un Colegio, Liceo o Universidad, hasta aparecer en la demanda de divorcio, o en el acta de nacimiento del hijo. Quizás se le otorgó algún reconocimiento y la reseña del acto se publicó en alguna página web.

"*Google* es el principal motor de búsqueda de la red, dispone de información privada de millones de usuarios al gestionar uno de los servicios punteros de correo electrónico como es **Gmail**, conoce nuestras preferencias en lo que a consumo de información se refiere mediante otro servicio de gran implantación como es *iGoogle* el cual permite configurar a medida nuestra página de inicio.

Por si lo anterior no le parece suficiente, *Google* es propietario de uno de los principales, si no el principal, servicio de gestión de *feeds* como es *Feedburner ,* de la principal herramienta de análisis de tráfico web *Google Analitycs,* de la mayor red de distribución de anuncios *Adsense / Adwords* y de *Google Toolbar* la barra mas de monitorización de tráfico más extendida.

No hay que olvidar que también es dueña del principal servicio de alojamiento de contenido vídeo, el cada vez más influyente **You Tube**, como está demostrando la actual campaña presidencial de los *EE.UU.*"[26]

Se escuchan expresiones refiriéndose al "Dios Google"[27], omnisciente y que todo lo sabe en la red. Otros dicen que estamos entrando en una era "orwelliana"[28] o en una era donde está presente el "Hermano Mayor" (o *Big Brother*) que todo lo ve y todo lo regula.

---

[26] http://www.pbggrlatino.com/2008/02/19/lo-que-google-conoce-sobre-usted/
[27] http://www.tufuncion.com/google_dios_religion
[28] Por el escritor George Orwell

Y si se añade la proliferación de las llamadas Redes Sociales, pues se puede notar que cada día se sube más y más información personal que estará disponible para quien la pueda obtener.

Las Redes Sociales en Internet han surgido como sitios de reunión en línea, donde las personas se afilian

al portal de su preferencia, y comparten experiencias, fotos, videos, chats y juegos, entre otros. A partir del año 2003 surgen sitios como "Friendster[29]", "My Space"[30] y "Tribe"[31], que le abren el camino a otros sitios muy conocidos hoy en día, tales como Facebook[32], Badoo[33], Linkedin[34], Orkut[35], y otros más.[36]

Las herramientas que proporcionan en general las redes sociales en Internet son[37]:

- Actualización automática de la libreta de direcciones
- Perfiles visibles

---

[29] http://friendster.com/
[30] http://myspace.com/
[31] http://tribe.net/
[32] http://www.facebook.com/
[33] http://badoo.com/
[34] https://www.linkedin.com/
[35] http://orkut.com/
[36] http://es.wikipedia.org/wiki/Anexo:Redes_sociales_en_Internet
[37] http://www.maestrosdelweb.com/editorial/redessociales/

- Capacidad de crear nuevos enlaces mediante servicios de presentación y otras maneras de conexión social en línea.

Y precisamente, son esos perfiles visibles los que permiten que se comparta la información personal, hasta de manera inadvertida por los propios usuarios.

Al aceptarse un "amigo", éste tiene acceso a los datos relacionados con lugar y fecha de nacimiento (y edad), dirección actual, lugar de estudio o de trabajo, familiares  (ascendentes, descendentes, cónyuges), inmuebles y/o vehículos que posee, lugares donde pasa vacaciones, lugares donde acude a comer o a bailar, o sencillamente a tomar un trago, y en fin, toda la información que le permitiría a un buen Ingeniero Social determinar si la persona es embaucable, o peor aún, si es secuestrable.

Entonces, si está de moda pertenecer a una Red Social, no podemos hacer caso omiso a esa tendencia tecnológica moderna (hasta mi mamá está en Facebook).

Las Redes Sociales son minas de información para un Ingeniero Social. Lo que no se debe hacer es ponerle al Ingeniero Social nuestra información en bandeja de plata.

8.5 ¿Cómo se evita la Ingeniería Social?

"Usted puede tener la mejor tecnología, *firewalls*, sistemas de detección de ataques, dispositivos biométricos, etc. Lo único que se necesita es un llamado a un empleado desprevenido e ingresan sin más. Tienen todo en sus manos."
Kevin Mitnick.

La Ingeniería Social se orienta hacia las personas con menos conocimientos, dado que los argumentos y otros factores de influencia tienen que ser construidos generando una situación creíble que la persona ejecute.

La principal defensa contra la Ingeniería Social es educar y entrenar a los usuarios en la aplicación de políticas de seguridad y asegurarse de que éstas sean seguidas.

- Educar a las personas, en concreto a las personas que trabajan cerca de las terminales, desde los operarios, hasta personal de limpieza.
- Antes de abrir los correos analizarlos con un antivirus eficaz y debidamente actualizado, ya que cualquier mensaje de correo electrónico puede contener códigos

maliciosos aunque no le acompañe el símbolo de datos adjuntos.

- Nunca ejecutar un programa de procedencia desconocida, aun cuando previamente sea verificado que no contiene virus. Dicho programa puede contener un troyano o un *sniffer* que reenvíe nuestra clave de acceso.

- No informar telefónicamente de las características técnicas de la red, ni nombre de personal a cargo, etc. En su lugar lo propio es remitirlos directamente al responsable del sistema.

- Asegurar un control de acceso físico al sitio donde se encuentra los ordenadores.

- Establecer políticas de seguridad a nivel de Sistema Operativo.

- Los usuarios no necesitan tener acceso a todo tipo de ficheros ya que no todos son necesarios para su trabajo habitual, por ello puede ser conveniente por parte del administrador bloquear la entrada de ficheros con extensiones ".exe",".vbs", etc.

- Nunca tirar documentación técnica ni sensible a la basura, sino destruirla.

- No revelar información personal por correo electrónico ni en línea a menos que sepa por qué motivo debe hacerlo y conozca a su interlocutor.

Asegúrese además de que se encuentra en un entorno seguro: es esencial para ayudarle a evitar cualquier tipo de ataque.

- Verificar previamente la veracidad de la fuente que solicite cualquier información sobre la red, su localización en tiempo y espacio y las personas que se encuentran al frente de la misma.

- En caso de existir, instalar los parches de actualización de software que publican las compañías para solucionar vulnerabilidades. De esta manera se puede hacer frente a los efectos que puede provocar la ejecución de archivos con códigos maliciosos.

- No colocar datos personales completos, ni profusión de imágenes en los portales de las Redes Sociales

- Restringir la privacidad de los perfiles en las Redes Sociales, para sólo puedan ser vistos por los amigos

- Antes de aceptar un amigo en una Red Social, confirmar que es real, que es conocido, y que es de fiar.

- Utilizar contraseñas seguras, evitando fechas de nacimiento, nombres propios, nombres de los hijos(as) o de las mascotas, nombres de los cónyuges,

- Evitar en lo posible el uso de redes peer-to-peer o P2P (redes para compartir archivos) como eMule, Kazaa, Limewire, Ares, Imesh o Gnutella porque generalmente están desprotegidos de troyanos y virus en general y éstos se expanden utilizándolas libremente para alcanzar a nuevos usuarios a los que infectar de forma especialmente sencilla.

9 NORMAS ISO 27000

9.1 Qué es ISO?

ISO[38] son las siglas de la *"International Standarization Organization"* (Organización Internacional para la Normalización), cuya sede se encuentra en Suiza.

Creada tras la Segunda Guerra Mundial (23 de febrero de 1947), es el organismo encargado de promover el desarrollo de normas internacionales de fabricación, comercio y comunicación para todas las ramas industriales a excepción de la eléctrica y la electrónica. Su función principal es la de buscar la estandarización de normas de productos y seguridad para las empresas u organizaciones a nivel internacional.

La ISO es una red de los institutos de normas nacionales de 163 países, sobre la base de un miembro por país, con una Secretaría Central en Ginebra (Suiza) que coordina el sistema.

---

[38] http://www.iso.org/iso/home.html

La Organización Internacional de Normalización (ISO), con sede en Ginebra, está compuesta por delegaciones gubernamentales y no gubernamentales subdivididos en una serie de subcomités encargados de desarrollar las guías que contribuirán al mejoramiento ambiental.

Las normas desarrolladas por ISO son voluntarias, comprendiendo que ISO es un organismo no gubernamental y no depende de ningún otro organismo internacional, por lo tanto, no tiene autoridad para imponer sus normas a ningún país. El contenido de los estándares está protegido por derechos de copyright y para acceder ellos el público corriente debe comprar cada documento, que se valoran en francos suizos (CHF).

Está compuesta por representantes de los organismos de normalización (ON) nacionales, que produce normas internacionales industriales y comerciales. Dichas normas se conocen como *normas ISO* y su finalidad es la coordinación de las normas nacionales, en consonancia con el Acta Final de la Organización Mundial del Comercio, con el propósito de facilitar el comercio, el intercambio de información y contribuir con normas comunes al desarrollo y a la transferencia de tecnologías.

ISO ha establecido más de 17000 estándares internacionales en materias que van desde el tamaño de las hojas de papel común (norma ISO 216) al uso de ISBN en libros (norma ISO 2108).

Como en estos dos casos, muchas de las normas ISO son de uso requerido en Venezuela para la producción de determinados bienes por ser estándares internacionales aceptados.

De hecho, la certificación de empresas venezolanas bajo las normas ISO, en muchos casos, son obligatorias si desean competir en el mercado internacional, conseguir contratos, o simplemente publicitar la calidad de sus productos.

Algunos estándares, sin embargo, son nominativos y simplemente buscan hacer más fácil la transmisión de información. De estas normas las más características son la ISO 3166-1 (códigos para identificar países) y su derivada, la norma 4217, el estándar internacional para describir las divisas del mundo.

ISO 3166-1					ISO 4217			
Nombre oficial ISO	Código numérico	Alpha-3	Alpha-2	Norma ISO local	Moneda	Código	Código numérico	Decimales
Venezuela	862	VEN	VE	ISO 3166-2:VE	Bolívar	VEB	862	2
					Bolívar Fuerte	VEF	937	2

En Venezuela, FONDONORMA, asociación civil sin fines de lucro, fue creada en 1973 con el fin de desarrollar las actividades de normalización y certificación en todos los sectores industriales y de servicios, y de formar recursos humanos en dichas especialidades.

9.2   ¿Qué es la norma ISO 27000?

La norma ISO 27000 es una norma internacional y abierta, cuyo objetivo es establecer los requisitos mínimos con los que debe cumplir un Sistema de Gestión de la Seguridad de la Información (SGSI) en una organización.

Al igual que muchas normas ISO, la norma ISO 27000 se basa en la aplicación del ciclo PDCA (*Plan – Do – Check - Act*, Planifica – Ejecuta –Supervisa - Actúa) para la mejora del SGSI en la organización.

Implantando y certificando la norma ISO 27000 para el SGSI de la organización se puede demostrar de manera independiente que la entidad cumple con los requisitos mínimos para asegurar la seguridad de la información.

9.3 Quiénes conforman la familia de la Norma ISO 27000?

- ISO/IEC 27000 - es un vocabulario estándar para el SGSI. Se encuentra en desarrollo actualmente.

- ISO/IEC 27001 - es la certificación que deben obtener las organizaciones. Norma que especifica los requisitos para la implantación del SGSI. Es la norma más importante de la familia. Adopta un enfoque de gestión de riesgos y promueve la mejora continua de los procesos.

- ISO/IEC 27002 - *Information technology - Security techniques - Code of practice for information security management.* Previamente BS 7799 Parte 1 y la norma ISO/IEC 17799. Es código de buenas prácticas para la gestión de seguridad de la información.

- ISO/IEC 27003 - son directrices para la implementación de un SGSI. Es el soporte de la norma ISO/IEC 27001.

- ISO/IEC 27004 - son métricas para la gestión de seguridad de la información. Es la que proporciona recomendaciones de quién, cuándo y cómo realizar mediciones de seguridad de la información.

- ISO/IEC 27005 - trata la gestión de riesgos en seguridad de la información. Es la que proporciona recomendaciones y lineamientos de métodos y técnicas de evaluación de riesgos de Seguridad en la Información, en soporte del proceso de gestión de riesgos de la norma ISO/IEC 27001. Es la más relacionada a la actual British Standard BS 7799 parte 3.

- ISO/IEC 27006:2007 - Requisitos para la acreditación de las organizaciones que proporcionan la certificación de los sistemas de gestión de la seguridad de la información. Esta norma señala requisitos específicos para la certificación de SGSI y es usada en conjunto con la norma 17021-1, la norma genérica de acreditación.

- ISO/IEC 27007 - Es una guía para auditar al SGSI.

- ISO/IEC 27799:2008 - Es una guía para implementar ISO/IEC 27002 en la industria de la salud.

- ISO/IEC 27035:2011 - **Seguridad de la información – Técnicas de Seguridad – Gestión de Incidentes de Seguridad**. Este estándar hace foco en las actividades de: detección, reporte y evaluación de incidentes de seguridad y sus vulnerabilidades.

9.4 ¿Qué obtengo si implanto ISO 27000 en mi organización?

Implantar la norma ISO 27000 permite a las organizaciones demostrar que dispone de los controles y procedimientos adecuados para asegurar el tratamiento  seguro de los datos y la información con la que se trata. Además, cuenta con un ciclo PDCA, que asegura la mejora continua en lo que respecta a los controles de seguridad establecidos en la organización.

Además, implantando la norma ISO 27000 en la organización se obtiene un importante elemento diferenciador, que a un coste bajo permite destacar sobre la  competencia a la hora de pujar sobre una oferta.

9.5 ¿En qué tipo de empresas puede implantarse ISO 27000?

Esta norma puede aplicarse a cualquier organización para la que la información con la que trata sea importante. Por lo tanto, prácticamente cualquier

organización que cuente con sistemas de información debería plantearse implantar la norma ISO 27000.

No existe limitación en cuanto al tamaño de la organización. Implantando la norma ISO 27000 se establecerán controles y procedimientos adecuados a cada organización, en función de su capacidad para implantarlos.

Implantando la norma ISO 27000 se establecerán controles y procedimientos adecuados a cada organización, en función de su capacidad para implantarlos.

Para el año 2012, de acuerdo al ISO Data Survey, existían 88.268 empresas certificadas con ISO 27000 en el mundo.

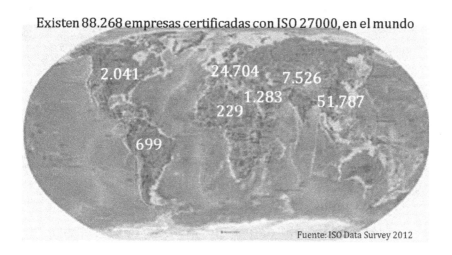

Existen 88.268 empresas certificadas con ISO 27000, en el mundo

Fuente: ISO Data Survey 2012

De esas empresas, 699 son latinoamericanas, distribuidas de la siguiente manera:

Guatemala: 3
Honduras: 2
El Salvador: 3
Costa Rica: 27
Panamá: 4
Colombia: 144
Ecuador: 6
Perú: 31
Bolivia: 6
Chile: 76

Barbados: 2   Cuba: 4   Jamaica: 2
Pto Rico: 10   Rep Dominicana: 7
Venezuela: 1   Trinidad: 1
Guyana: 2
Brasil: 267
Uruguay: 24
Argentina: 77

699
Empresas en
Latinoamérica

Fuente: ISO Data Survey 2012

A partir del 2014, Venezuela entró en la lista, ya que PDVSA, la estatal petrolera, fue certificada en ISO 27000.

9.6   Ventajas de implantar ISO 27000

- **Aseguramiento de la seguridad de la información**, lo que aumenta la confianza por parte del cliente

- Elemento **diferenciador**, que permite destacar sobre la competencia

- Cumplimiento de las normativas legales relativas a la **protección de datos**, lo que permite reducir los problemas con clientes y usuarios

- **Reducción del impacto de los riesgos**, que en caso de materializarse las amenazas, puedan representar pérdidas (de capital, de facturación, de oportunidades de negocio, por reposición de los daños causados, reclamaciones de clientes, sanciones legales, etc.), al aumentar la seguridad efectiva de los sistemas de información, con una mejor planificación y gestión de la seguridad.

- Garantías de **continuidad del negocio** basándose en el Plan de Contingencias.

- **Mejora de la imagen** de la organización y aumento del valor comercial de la empresa y sus marcas.

- Incremento de los **niveles de confianza** de clientes, proveedores, accionistas y socios.

- **Mejora del retorno de las inversiones**, al tener mejor criterio según los riesgos residuales aceptados y ahorro de tiempo y dinero al reducir o eliminar actividades o inversiones de escasa o nula aplicabilidad a los niveles de riesgo identificados en el negocio.

- **Mejora continua** a través de la metodología PDCA (Planificar, Hacer, Verificar y Actuar).

9.7   ¿Qué hacer para implantar ISO 27000?

- Lograr el compromiso de la Gerencia.
  - o Sin el compromiso de la Gerencia, el Sistema no tendrá

el apoyo ni la fuerza para su aceptación e implantación en la organización.

- o El efecto del apoyo debe caer en cascada, desde los niveles altos hacia abajo en la organización.
- Establecer y adiestrar el equipo de Implantación.
  - o El equipo debe tener un líder establecido.
  - o Todos los miembros deben ser designados formalmente y deben recibir adiestramiento en Gestión de ISO 27000, Documentación y Auditoría, como mínimo.
- Elaborar la documentación del SGSI.
  - o La documentación se debe elaborar de la manera más sencilla posible.
    - Piense lo que hace
    - Escriba lo que piense
    - Haga lo que escribió
  - o Los manuales deben ser organismos vivos, sujetos a constante modificación, y disponibles para todos los que los requieran.
  - o ¿Qué se debe documentar?
    - Evaluación y tratamiento de riesgos

- Políticas de Seguridad

- Aspectos Organizativos

- Gestión de Activos

- Seguridad del Talento Humano (antes y durante contratación)

- Seguridad física y ambiental

- Gestión de comunicaciones y operaciones

- Control de accesos

- Adquisición, desarrollo y mantenimiento de S.I.

- Gestión de incidentes de seguridad

- Auditar el SGSI.

    o Se debe verificar, mediante Auditorías, que el SGSI está apto para funcionar.

    o Si se presentan No Conformidades, se deben solucionar.

    o Se pueden hacer Auditorías Internas para verificar, pero se deben hacer Auditorías Externas para la Certificación, por parte de los organismos autorizados.

Y, ¿en cuánto tiempo se hace?

Depende del compromiso, de los recursos empleados, del conocimiento, y de factores externos que pueden influir.

En promedio se puede llevar de 12 a 18 meses para su implantación.

10 MISCELÁNEAS

10.1 Navegación segura

Algunos consejos para una navegación (en internet) segura:

- Utilizar antivirus conocidos y con buena reputación
- No diseminar nuestra dirección de correo electrónico
- Utilizar contraseñas seguras
- No confirmar nada que no hemos pedido
- Cuidado con las Redes Sociales
- Tener cuidado con el material que descargamos de Internet

10.2 Contraseñas seguras

Algunos consejos para una contraseña segura:

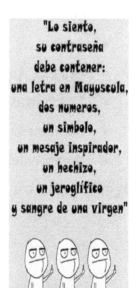

"Lo siento, su contraseña debe contener: una letra en Mayúscula, dos números, un símbolo, un mesaje inspirador, un hechizo, un jeroglífico y sangre de una virgen"

- No usar una sola contraseña para todas las cuentas
- No usar los nombres de los hijos, parejas, mascotas o el propio
- No usar ciudad de nacimiento o residencia
- No usar número de identificación (cédula de identidad)

- No usar fecha de nacimiento

- Usa de 8 a 10 caracteres (min)

- Combina letras y números

- Usa mayúsculas y minúsculas

- Usa caracteres especiales

- Cambia las claves con frecuencia

- No uses palabras predecibles

- No permitas que el navegador recuerde las claves

Algunas de las contraseñas más usadas por los usuarios:

- 12345, 123456, 1234567, 12345678

- Nuestro nombre de usuario: gustavo, sonia, etc.

- Contraseña

- Teamo

- 111111, Abc123

- 123contraseña

- Contraseña123

- Nombre del servicio a hackear: "Gmail", "Hotmail", etc.

Y ¿qué se gana con una contraseña fuerte?

Largo	Minúsculas	Agrega Mayúscula	Números y Símbolos
6 caracteres	10 minutos	10 horas	18 días
7 caracteres	4 horas	23 días	4 años
8 caracteres	4 días	3 años	463 años
9 caracteres	4 meses	178 años	44.530 años

Tiempo en que puede ser descubierta
la clave, por un Hacker o Cracker

¿Dónde puedo comprobar la fortaleza de mi clave?

- http://blog.kaspersky.com/password-check/
- https://howsecureismypassword.net/
- http://www.passwordmeter.com/
- https://www.microsoft.com/es-es/security/pc-security/password-checker.aspx
- https://www-ssl.intel.com/content/www/us/en/forms/passwordwin.html

10.3 Amenazas potenciales

- **Malware** es el acrónimo, en inglés, de las palabras "*malicious*" y "*software*" (en español, programa malicioso). Se puede

considerar como malware todo programa diseñado con algún fin dañino.

- **Virus** es un programa informático creado para producir algún daño en el sistema del usuario y que posee dos características particulares adicionales: actúa de forma transparente al usuario y tiene la capacidad de reproducirse a sí mismo.

- Un **gusano informático** es un código malicioso cuyas principales características son que no infecta archivos (principal diferencia con  los virus) y que se propaga por sí mismo a través la explotación de diferentes tipos de vulnerabilidades.

- Un **troyano** es un código malicioso que simula ser inofensivo y útil para el usuario. Al igual que los gusanos, no infectan archivos, aunque a diferencia de aquellos, el troyano necesita del ser humano para su propagación

- **Adware** (acrónimo de *advertisement–* anuncio publicitario- y software) es un programa malicioso, que se instala en el sistema sin que el usuario sepa  realmente su objetivo principal, que es descargar y/o mostrar anuncios publicitarios en la pantalla de la víctima.

- **Spyware**, también conocido como programa espía, es una aplicación cuyo fin es recolectar información del usuario, sin su consentimiento.

- Un *hoax* es un correo electrónico distribuido en formato de cadena, cuyo objetivo es hacer creer a los lectores que algo falso es real. A diferencia de otras amenazas, como el phishing o el scam; los hoax no poseen fines de lucro, al menos como intención principal.

- El **rogue** es un código malicioso que simula ser un programa de seguridad, con el fin de lograr que el usuario pague por una aplicación dañina o inexistente. Emplea como herramienta la generación de miedo en el usuario, indicando falsas alertas sobre infecciones y/o problemas que pudiera tener el sistema; logrando de esta forma que el usuario desee instalar el falso producto.

- El *ransomware* es una de las amenazas informáticas más similares a un ataque sin medios tecnológicos: el secuestro. En su aplicación  informatizada, el *ransomware* es un código malicioso que, por lo general, cifra la información del ordenador e ingresa en él una serie de instrucciones para que el usuario pueda recuperar sus archivos. La víctima, para obtener la contraseña que libera la información, debe pagar al atacante una suma de dinero, según las instrucciones que este comunique.

- **Barras o Toolbars**: Son programas que se instalan como barras de herramientas que pasan a formar parte del navegador web. Aunque algunas de éstas puedan ser útiles, existen otras que no explicitan su instalación de forma adecuada y no poseen mecanismos de desinstalación que funcionen de forma correcta.

- **Typosquatting**: Es un tipo de ataque informático en donde un tercero se aprovecha de los errores ortográficos y de escritura de un usuario en el momento que este ingresa una dirección URL en el navegador, para dirigirlo a un sitio falso con fines que pueden ser el de distribuir publicidad, propagar códigos maliciosos, o realizar ataques de phishing.

10.4 Medidas de protección

- Antivirus es un software que posee como función detectar, identificar y prevenir o eliminar, códigos maliciosos.  Aunque su nombre proviene de su relación con los virus informáticos, en la actualidad son soluciones antimalware que poseen protección contra gusanos, troyanos, virus, etc., es decir, todo tipo de códigos maliciosos.

- Uso de teclados virtuales

- Seguridad en Redes Sociales

- Seguridad en P2P

- Usar https

11 REFERENCIAS BIBLIOGRÁFICAS

11.1 Bibliografía

- COHEN, C.; GRAFFE, D & FARACHE, J,: "Auditoría de Sistema". UNA. Caracas, 1989.
- DAVIS, G & OLSON, M.; "Sistemas de Información Gerencial". Editorial Mc Graw Hill. México, 1987.
- ECHENIQUE, José: "Auditoría en Informática", Editorial Mc Graw. México, 1990.
- FINE, Leonard: "Seguridad en Centros de Cómputo". Editorial Prentice Hall. México, 1991.
- KENDALL, K & KENDALL, J.: "Análisis y Diseño de Sistemas". Editorial Prentice Hall. México, 1991.
- SALAS, Jesús: "Organización de los Servicios Informáticos". Editorial Mc Graw Hill. España, 1989.

11.2 Webgrafía

- Firewall:
  - Qué es Firewall
    - http://www.desarrolloweb.com/articulos/513.php
    - http://es.wikipedia.org/wiki/Cortafuegos_(inform%C3%A1tica)
- Ingeniería Social:
  - Breves conceptos sobre Ingeniería Social.
    - http://www.rompecadenas.com.ar/ingsocial.htm. Marzo 2009.

- o Contraseñas más utilizadas en EEUU
  - http://tecnologiaaldia.wordpress.com/2009/02/12/contrasenas-mas-utilizadas-en-eeuu/. Marzo 2009.
- o Ingeniería Social.
  - http://es.wikipedia.org/wiki/Ingenier%C3%ADa_social_(seguridad_inform%C3%A1tica). Marzo 2009.
- o Ingeniería Social.
  - http://blogs.technet.com/seguridaddigitalmexico/archive/2009/01/23/ingenier-a-social.aspx. Marzo 2009.
- o Ingeniería Social.
  - http://hackandalus.nodo50.org/ftp/ingenieria_social.hack04ndalus.ppt. Marzo 2009.
- o Ingeniería Social.
  - http://www.iec.csic.es/CRIPTonOMICon/articulos/expertos72.html. Marzo 2009.
- o Ingeniería Social - ¿Qué es? Casos reales.
  - http://www.lcu.com.ar/ingenieriasocial/. Marzo 2009.
- o Phishing
  - http://es.wikipedia.org/wiki/Phishing. Marzo 2009.
- o ¿Qué es la Ingeniería Social?
  - http://www.microsoft.com/spain/protect/yourself/phishing/engineering.mspx. Marzo 2009.
- o ¿Qué es la Ingeniería Social en el Mundo Informático?
  - http://www.perantivirus.com/sosvirus/pregunta/ingsocial.htm. Marzo 2009.
- o Red Social.
  - http://es.wikipedia.org/wiki/Red_social. Marzo 2009.
- o Redes Sociales en Internet.
  - http://www.maestrosdelweb.com/editorial/redessociales. Marzo 2009.
- o Social Engineering Fundamentals.
  - http://www.securityfocus.com/infocus/1527. Marzo 2009.

- ISO 27000
  - o Implantación de ISO 27000
    - http://tecnologiaaldia.wordpress.com/2012/03/27/implantacion-de-iso-27001/
    - http://www.kybeleconsulting.com/servicios/evaluacion-y-mejora-de-procesos-software/implantacion-de-iso-27001/
  - o Familia ISO 27000
    - http://www.custodia-documental.com/2011/familia-iso-27000-seguridad-de-la-informacion/
    - http://es.wikipedia.org/wiki/ISO/IEC_27000-series

Videos:
- Ingeniería Social. Vida Digital.
  - o http://www.youtube.com/watch?v=cm89EQCF5e8
- Ingeniería Social por Teléfono
  - o http://www.youtube.com/watch?v=Z0Q7FtmC-Fw
- Formas comunes de robo de identidad
  - o http://www.youtube.com/watch?v=05cWE9yzrJQ
- Piratas Informáticos (6 partes):
  - o http://www.youtube.com/watch?v=EryheNOCCto
  - o http://www.youtube.com/watch?v=d_S4CTWtRdk
  - o http://www.youtube.com/watch?v=IAd7ChcWRHA
  - o http://www.youtube.com/watch?v=2PLFIu4DNKk
  - o http://www.youtube.com/watch?v=v91W0QBUeEk
  - o http://www.youtube.com/watch?v=eEAid82OC2w

Del Autor

Luis Castellanos

Nacido en Caracas, DC, Venezuela. Padre de dos hijos.

Formación Académica

Ingeniero de Sistemas (IUPFAN), MSc en Ingeniería de Sistemas (USB). Experto en Tecnopedagogía y Educación Virtual (FATLA). Doctor Honoris Causa (CIHCE).

Experiencia Docente

Docente Universitario a nivel de Pregrado y Postgrado.

Ha impartido clases en: Universidad del Zulia (LUZ), Universidad Rafael Urdaneta (URU), Instituto Universitario Politécnico de la Fuerza Armada (IUPFAN), Universidad Nacional Experimental de la Fuerza Armada (UNEFA), Universidad José Gregorio Hernández (UJGH), Atlantis University (AU).

Páginas Web

De todo un Poco (http://luiscastellanos.org)

Revista Digital "De Tecnología y Otras Cosas" (DTyOC – http://dtyoc.com)

Libros publicados

Reflexiones Diarias, Desarrollo de Sistemas de Información, Seguridad Informática, Del Pizarrón a la Ubicuidad, Cómo superar una separación, Cómo crear y mantener un Blog

Ingeniería Social, ISO 27000, Estrategia y Planificación Estratégica, Identidad Digital, Me llamo Luis y soy Nomofóbico, Sistemas Operativos – Guía de Estudio